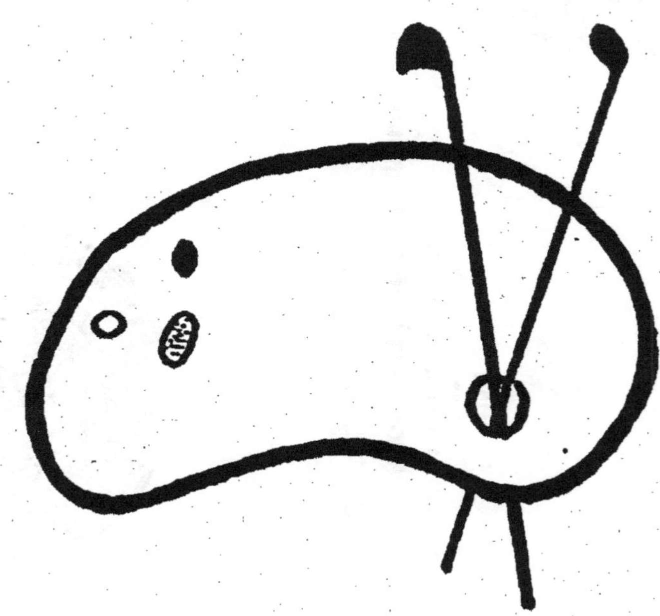

NOTES CRITIQUES

SUR

L'HISTOIRE DES COMTES DE POITOU

De M. ALFRED RICHARD

LA ROCHELLE

IMPRIMERIE NOUVELLE NOEL TEXIER ET FILS

29, RUE DES SAINTE-CLAIRE, 29

1904

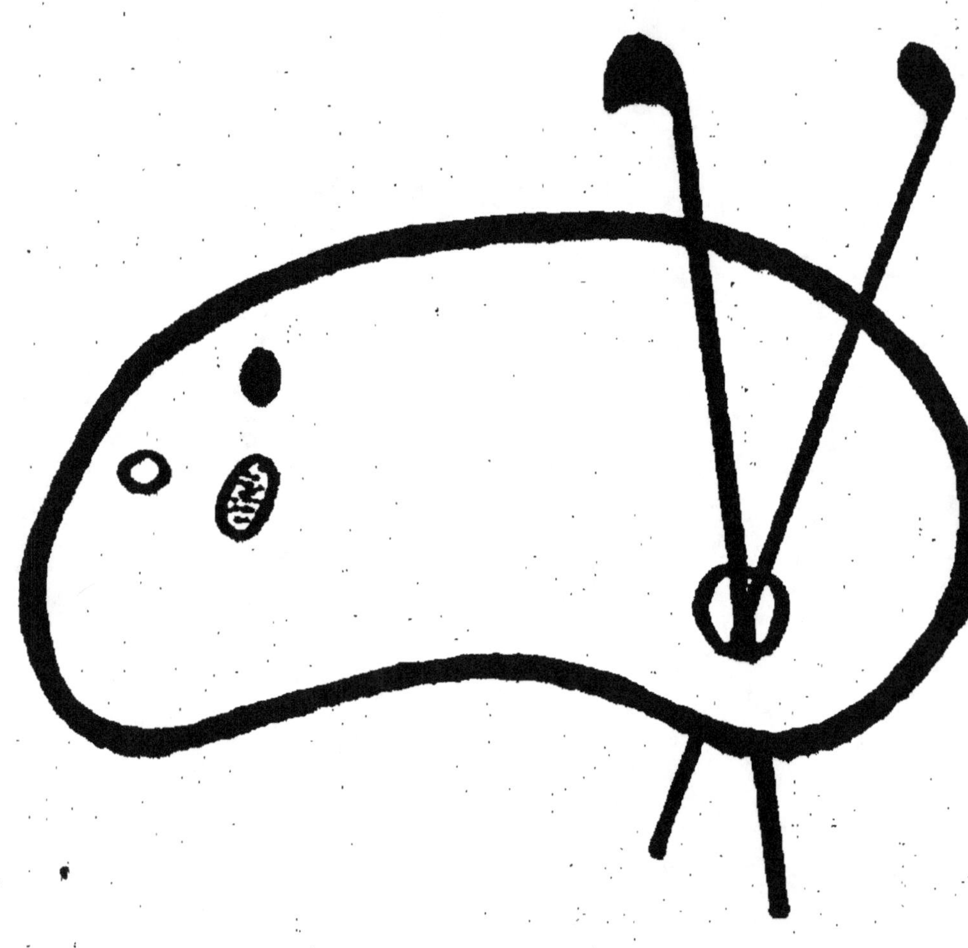

FIN D'UNE SERIE DE DOCUMENTS
EN COULEUR

PUBLICATION DE LA SOCIÉTÉ DES ARCHIVES HISTORIQUES
DE LA SAINTONGE ET DE L'AUNIS

NOTES CRITIQUES

SUR

L'HISTOIRE DES COMTES DE POITOU

De M. ALFRED RICHARD

LA ROCHELLE
IMPRIMERIE NOUVELLE NOEL TEXIER ET FILS
29, RUE DES SAINTE-CLAIRE, 29
1904

NOTES CRITIQUES

SUR L'HISTOIRE DES COMTES DE POITOU

DE M. ALFRED RICHARD

En lisant à petites journées et en savourant à mon aise les deux gros volumes intitulés : *Histoire des comtes de Poitou, 778-1204*, parus depuis un an à Poitiers, sans que le public même instruit y ait apporté la moindre attention, une anecdote me revenait à l'esprit. — C'était en 1830, au plus fort de la Révolution de Juillet. Le vieux poète Gœthe, se promenant un jour dans les rues de Weimar, aborda un de ses amis : J'ai des nouvelles de Paris, lui dit-il, le volcan a fait éruption et la lutte est engagée. Oui, dit l'autre, Charles X est détrôné, et les révolutionnaires triomphants parlent de proclamer la République. Il s'agit bien de trônes, répliqua Gœthe, je veux parler de la discussion engagée à l'Académie des Sciences entre Geoffroy Saint-Hilaire et Cuvier, au sujet de l'unité de composition organique des diverses espèces d'animaux. Et il continua sa promenade, laissant son ami un peu stupéfait. — J'eus l'idée de rééditer pour mon compte cette historiette. Vous connaissez les nouvelles de Poitiers ? dis-je, un jour, à un homme éclairé qui lisait ses journaux. Oui, me répondit-il, la lutte électorale est chaude, et je ne crois pas que le conseil municipal sortant soit réélu. Il ne s'agit pas d'élections, repris-je, mais de l'ouvrage si important pour l'histoire du Poitou et de toute la région que vient de faire paraître M. Alfred Richard, archiviste de la Vienne. — Mon interlocuteur n'en avait pas entendu parler, tant il est vrai, aujourd'hui comme autrefois, que le public est indifférent aux événements scientifiques et que le fracas de la vie courante frappe surtout son esprit.

Et cependant, l'ouvrage de M. Richard a toute l'importance d'un événement historique. Il fera époque dans la région, au même titre que l'*Histoire des comtes de Poitou et ducs de Guyenne*, de Jean Besly, publiée en 1647 ; au même titre que l'*Histoire de l'Aquitaine*, du moine bénédictin dom Fonteneau, au XVIII° siècle, œuvre laissée inachevée et manuscrite. Il laissera loin derrière lui les livres similaires publiés depuis 1789, sans en excepter l'*Histoire des rois et des ducs d'Aquitaine et des comtes de Poitou*, de La Fontenelle de Vaudoré, parue en 1842, quelles qu'aient été les bonnes intentions de cet érudit conseiller à la Cour d'appel de Poitiers.

Jean Besly est sans conteste le plus grand historien régional. Il sut mettre à profit avec une patience et une science hors de pair la plupart des documents enfouis jusqu'à lui dans les chartriers ecclésiastiques et seigneuriaux. Quant à dom Fonteneau, il rassembla en de précieuses collections les copies fidèles de tous les documents importants qui vinrent à sa connaissance et les accompagna de notes précieuses sur l'histoire des provinces comprises entre la Loire et la Garonne, en attendant d'en faire une rédaction plus complète. L'ouvrage de M. Richard représente, comme ceux de ses deux devanciers, toute une vie de labeurs assidus et d'érudition éclairée ; et si, pas plus qu'eux, il n'a la satisfaction de voir le grand public de son époque s'intéresser à son œuvre, il a, du moins, le précieux avantage de la publier lui-même. Ce que n'eût pas Besly, dont le fils édita l'ouvrage sans même en corriger les épreuves ; ce qu'eût encore moins dom Fonteneau, qui laissa ses manuscrits à son monastère, d'où ils sortirent en 1789 pour aller reposer en paix à la Bibliothèque municipale de Poitiers.

On conçoit qu'il ne nous soit pas possible de donner une analyse, même succincte, d'un pareil ouvrage qui embrasse toute l'histoire du Poitou et du duché d'Aquitaine, depuis Charlemagne jusqu'à Eléonore, du milieu du VIII° à la fin du XIII° siècle, soit pendant une période de quatre cent cinquante ans. Du reste, les lecteurs de la *Revue* s'intéresseront surtout à ce qui a trait à leur pays, et c'est uniquement au point de vue saintongeais que nous allons nous en occuper ici à leur intention, en leur signalant, avec quelques remarques critiques au besoin, les faits qui se rapportent à notre histoire locale. c'est-à-dire à la Saintonge et à l'Aunis.

I

Dès le chapitre premier, relatif au plus ancien comte de Poitou, Abbon, qui a gouverné sous Charlemagne, M. Richard parle de notre région. Il place formellement en Aunis, (peut-être à Saint-Denis-du-Pin, près Saint-Jean d'Angély, ajoute-t-il à la table des noms), l'alleu du Pin, qui fit l'objet d'un acte de procédure par devant les envoyés du roi Louis d'Aquitaine, siégeant à Poitiers, dans l'église de Saint-Hilaire, le 28 avril 791 : *alode suo in pago Adeasnise in villa que dicitur Pino* (1), ou bien : *alode suo in pago Adrasinse in villa qui dicitur Pino* (2).

Or, il s'agit là d'une notice informe et mutilée en divers endroits, que dom Estiennot a insérée dans ses *Antiquités bénédictines*, et qu'il a tirée d'un autographe de l'abbaye de Noaillé, notice que dom Fonteneau n'a retrouvée ni dans les archives de l'abbé, ni dans celles des religieux de cette abbaye. Dom Estiennot note qu'il s'agit du lieu où fut établie plus tard l'abbaye du Pin, sur la Boivre, non loin de Poitiers, localité qui fut autrefois une dépendance des monastères de Saint-Hilaire et de Noaillé. Quant à dom Fonteneau, il se contente de dire qu'il ne connaît pas le pays désigné par le mot *Adeasnise*, « à moins que ce ne soit le pays d'Aunis », a ajouté quelqu'un au premier texte de l'annotation du savant bénédictin. M. Richard, lui, n'hésite pas, et transforme en affirmation la note dubitative de son devancier, bien que nulle part, ni dans les titres de Saint-Hilaire, ni dans ceux de Noaillé, on ne retrouve la trace d'une pareille possession située en Aunis. D'un côté, il n'est pas probable qu'à une époque où les envoyés du roi parcouraient le pays pour rendre la justice, des plaideurs de Saintonge ou d'Aunis se soient rendus à Poitiers au lieu de les attendre plus près de chez eux. De l'autre, l'expression de *pagus Adeasnise* ou *Adrasinse* fait naturellement penser à la *vicaria Edrinsis* ou *Edrarinsis*, indiquée justement par le Cartulaire de Noaillé, en 927 et 943 (3), et qui comprenait la région d'Adriers, au sud du Poitou, entre la Vienne et la Gartempe ; ou bien, à la *vicaria Adecia*, aujourd'hui Esse ou Hiesse, localités situées toutes les deux près de Confolens (Charente) (4).

---

(1) *Abbaye de Noaillé*, dans dom Fonteneau, t. XXI, p. 41.

(2) Mabille, *Le royaume d'Aquitaine*, p. 39, tiré de dom Estiennot, ms. latin 12757, fol. 255.

(3) *Recueil de dom Fonteneau*, t. XVI, p. 239 et 265.

(4) *Cartulaire d'Uzerche par Champeral*, ch. 375, p. 228, de mars 1003.

Ces deux vigueries étaient en Poitou, et on peut légitimement conjecturer que les contestations de ces contrées étaient portées aux audiences de Poitiers, tandis que les contestations des pays d'Aunis et de Saintonge devaient plutôt aller aux audiences tenues à Saintes.

Au chapitre VI bis, concernant le comte Eble Manzer ou le Bâtard, M. Richard dit (1) qu'à la reprise de son gouvernement, peu après 902, il créa deux nouveaux vicomtes : l'un, Maingaud, qui fut placé à Aulnay ; l'autre, Atton, qui le fut à Melle. Le premier fut chargé de surveiller la grande voie de Poitiers à Saintes, qui passait par Aunay, et par suite la Saintonge tout entière ; le second, de protéger le principal atelier monétaire du Poitou.

Si Atton a été indubitablement vicomte de Melle, rien ne prouve, par contre, que Maingaud ait été vicomte d'Aunay. Le premier vicomte authentique d'Aunay qui se rencontre est Cadelon, mari de Sénégonde, mort entre mai 964 et 966 (2). Il est bien précédé d'un autre vicomte Cadelon, mari de Geila, que l'on peut regarder comme son père, en raison de la persistance du même nom chez les aînés de famille, qui est la règle au X° et au XI° siècle. Néanmoins, ce Cadelon, mari de Geila, est indiqué pour la première fois en 928 (3), peu après la disparition d'Atton, et se trouve surtout possessionné à Melle et dans la vicomté de Melle. Il a fort bien pu être le successeur de ce dernier, sans en être le fils aîné, d'autant plus que le nom de Cadelon peut être rattaché à notre mot cadet ou cadichon, par une forme cadilon. D'autre part, la viguerie d'Aunay ne commence à être mentionnée que vers 950, les localités de sa dépendance étant indiquées jusque-là comme faisant partie de la viguerie de Brioux (4). On peut donc admettre que la viguerie et la châtellenie d'Aunay ont été établies, comme bien d'autres dans notre région, vers le milieu du X° siècle, par un démembrement d'une vicomté primitive de Melle, sans doute identique à la viguerie de Brioux, telle qu'elle a existé jusque vers 950 ; et que Cadelon, mari de Sénégonde, fils de

---

(1) Pages 54 et 55.

(2) *Cart. de Saint-Maixent*, par A. Richard, I, p. 44 et 45, et *Cart. de Saint-Cyprien*, par Rédet, ch. 464, p. 286, pour les dates ; *Cart. de Noaillé*, dans dom Fonteneau, t. 21, p. 313, pour la qualification.

(3) *Cart. de Saint-Maixent*, par A. Richard, I, p. 25.

(4) *Notes sur l'histoire de Melle*, par Beauchet-Filleau, p. 28-31 ; voir ses références : *Cart. de Saint-Cyprien*... et *Cart. de Saint-Jean d'Angély*.

Cadelon, vicomte de Melle, et de Geila, a été le premier vicomte particulier d'Aunay.

Quant au vicomte Maingaud, il apparaît surtout dans des titres relatifs à la région immédiate de Poitiers. C'est pourquoi il y a lieu de penser que les deux vicomtes créés par Ebles, s'il ne les a pas trouvés déjà installés par le roi Eudes, après la prise de Poitiers, en 892, ou par son prédécesseur, le comte Aymar, ont été un vicomte pour le pays de Brioux, résidant à Melle, c'est-à-dire Atton ; et un vicomte pour le pays de Poitiers, résidant à Angles (1), à Châtellerault ou à Poitiers même, c'est-à-dire Maingaud. La troisième grande division territoriale et ecclésiastique du Poitou, le pays de Thouars, avait déjà depuis longtemps son vicomte particulier. Il est à présumer qu'à la fin du IXe siècle, ou au commencement du Xe, il en aura été fait autant pour les deux autres, les pays ou archidiaconés de Brioux et de Poitiers.

Dans son chapitre IX, qui concerne Guillaume Fier-à-Bras, M. Richard (2) cite une charte de Bourgueil qu'il date de juin 974 ou 975, et à laquelle il donne comme souscripteurs, entre autres personnages, Isembert de Châtelaillon, son fils du même nom, et Manassé, son frère. Personne, sauf Arcère (3), n'a fait remonter au Xe siècle des seigneurs authentiques de Châtelaillon, surtout des seigneurs du nom d'Isembert. Le plus ancien que l'on puisse citer est *Ebalo Aloiensis*, proche parent de la comtesse Emma, morte vers 1004, laquelle par testament lui laissa le tiers de la terre de Frouzille (4). Besly, qui a publié la charte de Bourgueil (5), ne donne pas ces noms, tout en ajoutant un *etc.* à la suite de son énumération. La copie du Cartulaire de Bourgueil en la possession de M. Goupil de Bouillé (6), ne les donne pas non plus et emploie l'expression de *plura alia signa*, après la mention de l'archidiacre Boson, qui termine aussi la liste qui est dans Besly. A moins que M. Richard, à l'aide d'une copie plus complète ou de l'original lui-même, n'ait percé le mystère de cet *etc.*, ce qu'il oublie de nous dire, l'histoire locale de notre région ne pourra pas faire état de la nouvelle indication

---

(1) Où résida plus tard le vicomte Manassès, sous Guillaume le Grand.
(2) Premier volume, p. 108.
(3) *Histoire de La Rochelle et du pays d'Aunis*, I, note VII, p. 578-580.
(4) *Cart. de Saint-Nicolas de Poitiers in Arch. hist. de Poitou*, I, p. 30.
(5) Besly, *Histoire des comtes de Poitou*, Preuves, p. 290.
(6) Page 42.

qu'il donne sur les seigneurs de Châtelaillon, malgré toute sa grande autorité et son immense érudition.

. Dans ce même chapitre (1), M. Richard fait donner aux moines de Saint-Cyprien (2), l'alleu de Nachamps, commune du canton de Tonnay-Boutonne, arrondissement de Saint-Jean d'Angély. Il suit en cela Rédet, l'auteur du Cartulaire de cette abbaye, qui identifie, en effet, *Rabsentius ou Rapsentius villa* avec Nachamps. Mais ce n'est pas exact. Nachamps est toujours porté dans le domaine de l'abbaye de Saint-Jean d'Angély et n'a jamais appartenu à celle de Saint-Cyprien. Il s'agit très sûrement de Rançon, qui s'écrivait jadis Rampçon, Ransan, autrefois paroisse, aujourd'hui quartier de la commune de Dey-Rançon, près de Mauzé. Cette localité relevait justement du prieuré de Dœuil, qui appartenait à Saint-Cyprien.

Puisque nous en sommes à discuter des déterminations de lieux, remarquons encore que M. Richard s'est trompé en faisant donner l'église de Croix-Comtesse, canton de Loulay (Charente-Inférieure), dédiée à Saint Révérend, à l'abbaye de Saint-Jean d'Angély par Foucaud de Valans (3). Il est vrai que dans ses *Additions et Corrections* (4), il dit qu'il y a lieu de remplacer cette donnée par cette autre : « Foucaud de Ballans lui abandonna l'église de ce lieu », préférant s'en rapporter sur ce point à M. Musset, « plus familier que lui avec les possessions de Saint-Jean d'Angély ». Mais il se trompe une fois de plus, à la suite de M. Musset. Car Ballans, du canton de Matha, et son église n'ont jamais appartenu à l'abbaye de Saint-Jean d'Angély, et sont toujours restés à l'évêché de Saintes, tandis que Vallans, canton de Frontenay (Deux-Sèvres), a été, au contraire, une possession ancienne et permanente de cette abbaye. La raison que donne M. Musset (5), à savoir que cette charte de Foucaud (6) se trouve parmi les chartes qui ont rapport au pays ou à l'obédience de Matha, n'est pas valable. En effet, la charte n° 338 qui précède (7) et qui est supposée commencer la série des chartes de l'obédience

---

(1) Premier volume, p. 120.
(2) *Cart. de Saint-Cyprien*, par Rédet, p. 310 et 311.
(3) Premier volume, chap. XI, p. 232, note 1.
(4) Deuxième volume, p. 395.
(5) *Archives de la Saintonge*, t. XXXIII, *Cartulaire de Saint-Jean d'Angély*, par Musset, p. XXXI, note 1.
(6) *Ibid.*, t. II, p. 1, ch. n° 339.
(7) *Archives de la Saintonge*, t. XXX, p. 100.

de Matha, ne se rapporte point à Marestay, comme il le pense, mais à un lieu dit *Marestagium*, c'est-à-dire Le Marais, applicable à de nombreuses localités. Quant à la charte n° 340, qui suit (1), il ne peut y avoir le moindre doute, et il s'agit bien de l'alleu de Vallans, canton de Frontenay, donné vers 1060, par un autre Foucaud, sans doute descendant du premier, puisque celui-ci est qualifié de Foucaud de la Touche d'Allery, localité encore existante dans la commune de Vallans. La série des chartes de Matha ne commence véritablement qu'au numéro suivant (2), qui concerne l'investiture de l'église de Saint-Pierre de Marestay, donnée à l'abbaye de Saint-Jean d'Angély par Amat, archevêque de Bordeaux, en 1098, ratifiant lui-même le don fait par les possesseurs de l'église (3). Par conséquent, il s'agit bien dans la charte n° 339 (4), du don de l'église de Vallans, canton de Frontenay (Deux-Sèvres), et on ne voit pas pourquoi M. Richard et M. Musset sont allés chercher si loin ce qu'ils avaient pour ainsi dire sous la main.

Au chapitre relatif à Guillaume le Grand, M. Richard, après avoir dit dans le texte (5) que ce duc d'Aquitaine donna successivement au comte d'Angoulême les vicomtés de Melle, d'Aunay et de Rochechouart, ainsi que d'autres châtellenies et domaines, notamment en Aunis, fait remarquer dans une note (6) qu'Adémar de Chabannes, bien que chroniqueur contemporain et compatriote, a bien pu exagérer dans les faits qu'il rapporte ; que la vicomté d'Aunay, par exemple, n'entra jamais dans le domaine particulier du comte d'Angoulême, et qu'on peut admettre que Guillaume le Grand détacha seulement Aunay de sa mouvance directe pour le placer sous la suzeraineté du comte d'Angoulême, ce qui aurait aussi pu se produire pour certains autres grands fiefs émumérés par Adémar. Il en veut pour preuve, en ce qui concerne Aunay, qu'un vicomte Chalon y succéda à son père de même nom vers l'an 1000, et qu'il était encore en possession de la vicomté en 1060, sans que dans ce long intervalle de temps Guillaume Taillefer d'Angoulême y eût tenu quelque place.

Il est fort possible que Guillaume le Grand n'ait dépouillé per-

---

(1) *Archives de la Saintonge*, t. XXXIII, p. 4.
(2) *Id.*, p. 4, ch. n° 341.
(3) *Idem*, charte 343, p. 8.
(4) *Idem*, p. 4.
(5) Volume I, chap. 10, p. 150 et 151.
(6) *Idem*, note 1, p. 151.

théâtre, celui raconté par Adémar de Chabannes, comme se rapsonne pour avantager son intime ami, le comte d'Angoulême, et qu'il n'ait fait que passer sur sa tête les hommages et les profits qu'il percevait lui-même sur les vicomtés et châtellenies en question. Mais en ce qui concerne la nature et les effets réels des dons relatés par le chroniqueur angoumoisin, ils sont prouvés, du moins en ce qui concerne les vicomtés de Melle et d'Aulnay et en ce qui concerne l'Aunis, par diverses chartes du Cartulaire de Saint-Jean d'Angély. Nous citerons d'abord le don fait par Beletrudis à cette abbaye d'un alleu situé à Blanzay, dans la viguerie de Melle en Poitou, et de terres, prés et vignes en d'autres lieux de la même viguerie. Il s'agit ici de Blanzay, village de la commune de Prahecq, et d'autres localités des environs de Niort, et non, comme l'indique M. Musset, de Blanzay-sur-Boutonne, près d'Aulnay. La charte est datée du jour de la Pentecôte, trente-troisième année du règne du roi Robert (1), ce qui nous reporte au 21 mai 1020, et non 1021, comme le calcule M. Musset. Elle est signée de la donatrice et contresignée par Guillaume d'Angoulême *vicomte*, et par Alduin, son fils. Comme l'acte ne porte pas d'autres signatures de seigneurs donnant ou quelconques, le doute n'est pas possible : la vicomté de Melle était, en 1020, dans la possession directe et aux mains du comte d'Angoulême et de son fils aîné ; et cette vicomté s'étendait jusqu'aux portes de Niort. — D'autre part, la notice des démêlés entre le duc Guillaume et Hugues de Lusignan, prouve qu'à la même époque, entre 1010 et 1025, le comte Guillaume d'Angoulême exerçait Lusignan ayant demandé le château de Melle ou celui de Chizé, le duc lui refusa l'un et l'autre ; puis lui fit ordonner par le comte Guillaume d'Angoulême de s'en remettre à sa merci (2).

Une autre charte du même cartulaire souvent citée est le don de la terre de Cherbonnières à l'abbé Alduin, vers 1012 (3). Elle porte la signature de la donatrice, Gélie, du comte Guillaume de Poitiers, de Châlon vicomte d'Aulnay et de sa femme Amélie, de l'abbé Alduin, et de diverses personnes notables ou intéressées, au milieu desquelles s'intercale celle d'un Guillaume vicomte. Il ne peut s'agir ici, pensons-nous du moins, du fils du vicomte d'Aulnay, qui s'appelait aussi Guillaume, car sa signature aurait

---

(1) *Archives de la Saintonge*, t. XXX, p. 360.

(2) Besly, *Histoire des comtes de Poitou*. Preuves, p. 288-291. *Recueil des Hist. de France*, t. XI, p. 531 et suiv.

(3) *Archives de la Saintonge*, t. XXX, p. 163.

alors suivi celles de ses père et mère, mais bien de Guillaume d'Angoulême, vicomte dominant, lequel n'était pas présent à la rédaction de l'acte, pas plus que ceux dont les noms entourent le sien, et qui aura souscrit plus tard. C'est la meilleure explication à donner de cette singularité, facilement passée inaperçue.

En ce qui concerne l'Aunis, si nous n'y constatons pas l'intervention du comte Guillaume Taillefer d'Angoulême lui-même, nous constatons au moins celle de ses fils et héritiers. Une charte de Guillaume, duc d'Aquitaine, de 1028 environ, donnant à l'abbaye de Saint-Jean d'Angély la petite île de Marennennes, près Surgères, est contresignée par le comte Alduin d'Angoulême, qui venait de succéder à son père (1). Une autre charte, du mois de juin 1031, par laquelle le chevalier Rainaud donne des biens sis à Muron en Aunis (2), est signée de Guillaume le Gros, duc d'Aquitaine, de son frère Eudes, de plusieurs évêques et du comte Geoffroy, qui ne peut être que le comte Geoffroy d'Angoulême, frère du comte Alduin et son successeur, puisque le seul autre auquel on pourrait penser, le comte d'Anjou, Geoffroy Martel, était dès lors en lutte avec le duc d'Aquitaine. Une autre charte encore (3), ou un état des salines de l'abbaye de Saint-Jean d'Angély, relate un don de cent aires de marais salants situés à Yves, en Aunis, et porte la signature du duc Guillaume le Gros, de son frère Eudes, du comte Geoffroy, d'Ebles de Châtelaillon et de son frère Isembert. Elle n'est pas datée, mais elle doit être du même jour que la précédente, à moins qu'on ne préfère la reporter au mois de mars 1037, lors du grand plaid de Poitiers, qui suivit la sortie de prison du duc, auquel assista ce même comte, et où plusieurs autres dons furent faits à l'abbaye de Saint-Jean d'Angély (4).

Qu'on n'objecte pas que ce sont là des souscriptions de hasard et de notoriété, sans portée précise. M. Richard tout le premier sait bien que dans les chartes portant donations les signataires sont toujours des intéressés, des personnes dont on éteint ainsi les réclamations possibles, et il tire lui-même bon parti, à diverses reprises, de données de cet ordre. Du reste, d'autres actes de donations, dressées dans les mêmes réunions que ceux que

---

(1) *Archives de la Saintonge*, t. XXX, p. 29 et 30.
(2) *Idem*, p. 237 et 238.
(3) *Archives de la Saintonge*, t. XXXIII, p. 15.
(4) *Idem*, t. XXX, p. 66 et 213 ; t. XXXIII, p. 1.

nous venons de citer, sont contresignées par d'autres assistants, ce qui est un fait bien significatif.

Tout cela prouve surabondamment que les dons de Guillaume le Grand au comte d'Angoulême furent des bénéfices effectifs et réalisés, des précaires réversibles sur ses successeurs immédiats. Ce serait donc un tort, tout au moins pour notre région, c'est-à-dire pour Melle, Aunay et l'Aunis, de ne pas accorder aux dires d'Adémar de Chabannes toute leur valeur historique.

M. Richard relate à son tour (1), après tant d'autres, le récit d'Adémar de Chabannes, au sujet d'Herbert Éveille-Chien, comte du Maine, traîtreusement emprisonné au capitole de Saintes par Foulques Nerra, comte d'Anjou. Le voici mot à mot, tiré du plus ancien texte du chroniqueur angoumoisin : « Alors, le comte Foulques susdit attira par fourberie et amena à Saintes Arbert, *le très noble comte du Maine*. Et, un premier dimanche de Carême, après dîner, par une nuit sombre, le saisit par traîtrise, le retint enchaîné, et le garda deux ans en prison, d'où Dieu daigna l'arracher (2). » D'autres textes complètent le récit, en disant que si le comte d'Anjou agit ainsi, « c'est qu'il voyait ne pas pouvoir triompher d'Arbert » ; qu'il l'attira à Saintes « sous prétexte de lui concéder la ville en bénéfice » ; qu'Arbert y vint « sans précaution et sans aucun soupçon de mal » ; que la surprise eut lieu « le second jour de la première semaine de Carême », au lieu du premier dimanche. Ils ajoutent, en outre, « que le même jour la femme de Foulques essaya de s'emparer par ruse de la femme d'Arbert, avant que celle-ci n'eût appris la capture de son mari, mais que quelqu'un la mit sur ses gardes. C'est pourquoi Foulques, redoutant la femme d'Arbert et les princes, n'osa pas le mettre à mort ; il se contenta de le tenir étroitement incarcéré pendant *deux ans*, jusqu'à ce que *Dieu* lui eût arraché l'innocent des mains (3). »

Enfin, le premier manuscrit fait suivre le récit de l'emprisonnement d'Arbert de cet autre : « L'année suivante, à cause de ce forfait, la ville de Saintes fut brûlée avec son évêché, et la cathédrale resta longtemps abandonnée (4). »

---

(1) Chapitre X, Guillaume le Grand, p. 187.
(2) *Chronique d'Adémar*, édition Lair, p. 231, manuscrit H.
(3) *Id.*, p. 232, manuscrits A et C.
(4) *Id.*, p. 232, 237 et 238, manuscrit H.

« La ville de Saintes avec la basilique de Saint-Pierre fut brûlée par des chrétiens impies cette même année », dit un autre manuscrit, après avoir parlé du retour triomphal du comte d'Angoulême, Guillaume II, qui revint de Terre-Sainte « dans la troisième semaine du mois de juin » qui précéda sa mort. « La cathédrale déserte resta dès lors sans culte divin, et c'est en voulant venger cette injure à Dieu que le susdit comte sentit peu à peu ses forces l'abandonner ». Il fut malade tout l'hiver et mourut au printemps suivant, l'avant-veille du dimanche des Rameaux, le 6 avril de l'an de l'Incarnation 1028 (1). Tels sont les faits eux-mêmes et les circonstances qui les ont accompagnés et suivis.

Cette histoire est invraisemblable, non en elle-même, mais en tant qu'arrivée à Herbert, comte du Maine. Celui-ci avait toujours été jusque-là l'ami, l'allié et le fidèle de Foulques Nerra dans ses luttes continuelles contre Eudes de Champagne, comte de Chartres, de Blois et de Tours. Il lui avait assuré la victoire à la bataille de Pontlevoy, en 1016, et il paraît avoir contribué avec ses manceaux à la prise de Saumur, en 1025. Il lui était aussi dévoué qu'un simple baron d'Anjou, et Foulques n'avait aucun intérêt à se débarrasser d'un vaillant compagnon d'armes. Herbert, de son côté, ne cherchait point querelle à ses voisins, et n'était en lutte ouverte qu'avec Avesgaud, évêque du Mans, à qui il disputait la possession de quelques châteaux. Il n'avait non plus aucun intérêt à la jouissance de la ville de Saintes, placée hors de son comté, du moins on ne le voit pas. Et puis, ces deux comtes, venus ensemble de si loin à Saintes — avec leurs femmes — pour dîner en bons amis et traiter sur place d'une affaire d'aussi minime importance pour chacun d'eux, ne sont vraiment pas de leur temps, d'un temps où les chevauchées joyeuses à travers pays étaient toujours dangereuses. Il y a encore d'autres impossibilités morales, si je puis ainsi dire. Un personnage du rang et de l'importance du vaillant comte du Maine n'aurait pu rester deux ans dans les fers, sans que les chroniques contemporaines de l'Anjou, du Maine et d'ailleurs eussent noté le fait ; elles n'eussent pas laissé à un chroniqueur d'Angoulême, occupé surtout des choses de sa région, le soin de l'indiquer. Cet événement aurait trop bien fait notamment l'affaire d'Avesgaud, son adversaire, pour que les narrateurs contemporains ne l'eussent pas relevé à propos de cet évêque.

---

(1) *Id.*, p. 237, 238, 211 et 231, manuscrit A ; et 212, note 1.

Je sais bien qu'on a voulu voir la confirmation du récit d'Adémar : 1° Dans une notation de la *Chronique de Vendôme*, ainsi conçue : « Cette même année (1027), le breton Alain, faisant le siège du Lude, extorqua à Foulques tous les otages que lui avait donnés Herbert » (1); 2° dans un passage de Guillaume le Poitevin, chapelain et historien de Guillaume le Bastard (2), et dans un autre de Guillaume de Malmesbury (3). — En ce qui concerne la *Chronique de Vendôme*, elle n'est rien moins qu'explicite au sujet du fait qui nous occupe. Il peut s'agir d'un autre Herbert que le comte du Maine, et, en tout cas, d'otages donnés en toute autre occasion. Elle peut même servir de preuve contraire, car c'était une occasion pour elle de parler de ce rapt audacieux dont elle ne souffle pas mot. Du reste, ce siège de Lude, qui eut lieu en 1027, est bien antérieur à la délivrance du prisonnier Arbert. — En ce qui concerne Guillaume le Poitevin, bien qu'il cherche visiblement à noircir la famille des comtes d'Anjou, pour justifier les agressions de son héros contre le Maine, il ne rapporte la capture d'Herbert que comme un fait qu'on venait tout récemment de lui raconter au moment où il écrivait, c'est-à-dire vers 1080, plus de cinquante ans après les événements. Quant à Guillaume de Malmesbury, qui écrivait cinquante ans plus tard encore, il copie visiblement Guillaume le Poitevin et presque mot à mot. Lui aussi l'a entendu dire.

Je ne songe point à reprocher à M. Richard de faire état d'un fait reproduit et tenu pour vrai par tous les historiens de l'Anjou, du Maine et de la Saintonge. Tout au plus puis-je lui reprocher de corser à sa manière et d'agrémenter encore le récit, en un mot d'y ajouter des choses de son cru. — Il suppose gratuitement que les difficultés qui poussèrent Foulques Nerra à s'assurer de la personne d'Arbert provenaient de ses projets contre le Maine, tandis qu'il est beaucoup plus naturel d'admettre qu'elles résultaient de sa jouissance de Saintes, sans doute contestée et mal assurée. — Il dit notamment que Foulques « profita de la simplicité du comte Herbert ». Or, tous les historiens s'accordent à représenter Herbert sous un tout autre aspect. « A Hugues II. comte du Mans, succéda dans son gouvernement Herbert, dit Éveille-Chien,

---

(1) *Chroniques des églises d'Anjou*, par Machegay et Mabille, p. 166.
(2) *Ex gestis Guillelmi ducis Norm*, in *Historiens de France*, t. XI, p. 85.
(3) *Historia regum anglorum*, in *Historiens de France*, t. XI, p. 180.

homme ardent, qui eût bientôt des dissensions très vives avec l'évêque Avesgaud » (1). « Il avait hérité de ses ancêtres — placés dans le Maine pour repousser les invasions normandes — de leur noble valeur et de leur science militaire » (2). Son surnom seul d'Éveille-Chien indique qu'il était loin d'avoir froid aux yeux, et qu'il ne devait pas manquer de vigilance ni de perspicacité. — La femme de Foulques, Hermengarde, est donnée comme « sa digne compagne de guet-apens, qui, dans la circonstance, justifiait sa réputation de peu aimable, *male blanda*. » Les historiens sont unanimes également à représenter Hermengarde comme une pieuse et digne femme, tout occupée à modérer la violence de son mari. Quant à l'épithète de *mal blanda*, elle ne lui est donnée qu'une seul efois par des moines rancuniers (3). — « La comtesse et les grands seigneurs manceaux, mis sur leur garde, résistèrent à toutes les attaques de Foulques qui, craignant de terribles représailles, n'osa mettre son prisonnier à mort ». Rien n'indique qu'il s'agisse des princes du Maine. Les princes que craignait Foulques devaient être plutôt les princes ou seigneurs châtelains de Saintonge, bien disposés en faveur du prisonnier et qui, à l'instigation de sa femme, s'agitaient en sa faveur. — « Il le garda deux ans et ne le relâcha que sous de bonnes cautions ». Or, il n'est pas question de cautions données pour la délivrance d'Arbert. Les textes d'Adémar disent simplement que *Dieu* lui arracha l'innocent des mains, et cette phrase fait évidemment allusion aux décrets des Conciles de l'époque en faveur de la paix de Dieu. C'est le meilleur et le seul sens, je crois, qu'on puisse donner à cette expression.

En effet, l'incendie qui dévora la ville de Saintes et sa cathédrale eût lieu après le retour à Angoulême du comte Guillaume, c'est-à-dire après la troisième semaine de juin 1027, et au début de la longue maladie qui l'emporta le 6 avril 1028, par conséquent, de juillet à novembre 1027. Il fût allumé par un peuple mécontent et par vengeance du guet-apens dont Arbert venait d'être la victime, sous le coup, semble-t-il, d'une émotion assez récente. Il est donc naturel d'admettre que la scène tragique du capitole avait eu lieu au commencement du Carême précédent, à savoir à la fin de février 1027, et non pas, comme le suppose M.

---

(1) *Gallia, Église du Mans*, art. Avesgaud. Tome XIV, col. 367.
(2) *Chroniques des comtes d'Anjou*, par Marchegay et Salmon, p. 161.
(3) *Cartulaire de Saint-Aubin d'Angers*, par Bertrand de Broussillon, I, p. 228.

Richard, le 7 mars 1025, pendant que l'évêque de Saintes assistait à la grande assemblée qui se tenait alors à Poitiers. Foulques ne relâcha son prisonnier que deux ans après, c'est-à-dire dans le courant de 1029. Ce fut justement un peu avant ce moment-là que le duc Guillaume d'Aquitaine réunit à Charroux un concile où assistèrent tous les princes de l'Aquitaine, et où il leur fit prescrire par les évêques et les abbés, de garder la paix de Dieu et de vénérer l'Eglise catholique (1). Un autre concile eut lieu à Limoges au milieu de l'année 1028 (2), où la paix de Dieu fut aussi solennellement proclamée. On peut assez légitimement admettre que ce fut à la suite de ces conciles auxquels dut peut-être assister Foulques, qu'il élargit son prisonnier, puisque Dieu lui-même, par la voix de ses représentants sur la terre, le lui ordonnait.

Si ce n'est pas le comte Herbert du Maine qui fut la victime de la fourberie de Foulques, qui est-ce donc ? Il existe dans le Cartulaire de Notre-Dame de Saintes une curieuse charte-notice (3), restée inaperçue, et qui n'est pas sans similitude avec cette histoire. Il s'agit d'une pêcherie, située sous le pont de Saintes, que le comte Geoffroy Martel, successeur et héritier de Foulques Nerra, donna à cette abbaye, le jour de la dédicace de son église, le 2 novembre 1047. La voici mot à mot, dans sa première partie : « Une grande dame, nommée Hildegarde, fut mère du commarque de Saintes, *très noble* personnage. Elle fit établir de son vivant une pêcherie dans la Charente, sous le pont de la ville ; la mère et le fils en jouirent jusqu'à la captivité du commarque, c'est-à-dire quand Francon s'empara de sa personne et le retint prisonnier au capitole. C'est alors que le commarque lui remit la pêcherie et beaucoup d'autres choses, craignant tout pour lui dans la captivité où il était. Cependant, ses amis avisèrent le comte Foulques de ce qui se passait, le suppliant de le faire élargir et d'accepter pour lui la pêcherie, ainsi que tout ce que Francon avait injustement enlevé au commarque. Ils lui promirent même une grosse somme pour obtenir sa délivrance. A ces nouvelles, Foulques se rendit à Saintes et fit libérer le commarque, selon le jugement des *seigneurs* ou *sénateurs* (seniores) du lieu. Puis, il réclama ce qui avait été convenu, à savoir ce que les amis du commarque lui avaient promis. Et c'est ainsi qu'il reçut, eut et jouit de la pêche-

---

(1) *Ademari Chronicon*, lib. III, chap. 69, édition Chavanon, p. 191.
(2) Ch. de Lasteyrie, *L'abbaye de Saint-Martial de Limoges*, p. 76.
(3) *Cart. de N.-D. de Saintes*, par l'abbé Grasilier, ch. 79, p. 71.

rie et du reste sans conteste jusqu'à la fin de sa vie. Etc. ». — L'abbé Th. Grasilier, qui a publié le Cartulaire de Notre-Dame de Saintes, date cette charte-notice : après 1110 ; mais il se trompe, et elle a été rédigée entre 1063 et 1067, d'après ce que l'on peut conclure de la fin du texte, avant ou peu après la mort de la comtesse Agnès, à l'occasion de contestations élevées sans doute par Francon, c'est-à-dire moins de quarante ans après l'événement arrivé au commarque, et sur les lieux mêmes.

Ces deux faits qui ont eu le capitole ou château de Saintes pour théâtre, celui raconté par Adémar de Chabannes comme se rapportant à Herbert, comte du Maine, et celui raconté par le Cartulaire de Saintes, se rapportant au commarque de Saintes, ne sont-ils pas connexes et n'ont-ils pas trait à la même personne ? Il peut y avoir eu ici, le fait se retrouve souvent ailleurs, une interpolation au texte primitif d'Adémar, ou plutôt une mauvaise lecture du membre de phrase : *Cenomannis comitem* ou *comitem Cenomannis*, écrit naturellement en abréviation suivant l'habitude de l'époque. Celui-ci pouvait être précédé de la préposition *e*, *ex* ou *de*, ou être simplement mis au génitif, signifiant de la famille des comtes du Mans. C'est une simple supposition que je fais, en admettant que la lecture *Cenomannis* soit exacte et sans le moindre doute ; mais supposition que d'autres ont faite avant moi, puisque Decamps (1), parlant de ce même fait, aurait déjà dit : « Herbertus hic de sanguine comitum Cenomanensium, captus apud Sanctonas a Fulcone Nerra. » Celui qu'on appelait alors le commarque de Saintes, personnage sur lequel nous sommes peu renseignés, qui avait pour mère Hildegarde, pouvait fort bien s'appeler Arbert et appartenir à la famille des comtes du Maine, sans être l'ami de Foulques Nerra, le comte Herbert Eveille-Chien lui-même, lequel succéda à son père Hugues en 1015 et mourut en 1036. D'autant plus qu'un oncle ou un grand-oncle d'Herbert Eveille-Chien, nommé Foulques, joua un certain rôle dans les affaires du Poitou (2), sous le comte Guillaume Fier-à-Bras, entre 975 et 990, époque où il disparaît en laissant sans doute des fils dans la région.

____

(1) Voir *Cartulaire de la Trinité de Vendôme*, par l'abbé Métais, I, p. 206, note 1.
(2) Voir l'ouvrage de M. Richard lui-même, I, p. 111.

II

Nous avons réservé pour un chapitre spécial ce que M. Richard dit çà et là dans son premier volume de la Saintonge en général, qu'il semble moins bien connaître, cela se comprend, que le Poitou.

« Quand Eble mourut [il s'agit du comte Eble le Bâtard], dans le courant de 935, à l'âge d'environ soixante-cinq ans, son pouvoir était bien quelque peu amoindri ; néanmoins, il était encore un des plus puissants seigneurs de France. Il possédait le Poitou et, *sans doute, le pays d'Aunis*, à titre héréditaire, le Limouzin par conquête, et *élevait des prétentions sur la Saintonge proprement dite, que se disputaient les comtes d'Angoulême, de Périgueux et de Bordeaux, et où les évêques de Saintes*, à l'exemple de nombreux prélats de cette époque, *cherchaient à se constituer un grand domaine féodal* ; enfin, il laissait à ses héritiers des droits à faire valoir sur le comté d'Auvergne et le duché d'Aquitaine, dont il avait joui pendant quelques années et qui faisaient véritablement partie de son héritage (1). »

Il ajoute en note : « La suprématie du Poitou sur la Saintonge s'était établie dans le cours du IX° siècle, après la mort du comte Landri. *Mais tandis que la région située au sud de la Charente était devenue un champ de compétition entre les comtes voisins de Bordeaux, de Périgueux et d'Angoulême, des liens très étroits avaient directement rattaché l'Aunis au Poitou*, et l'autorité d'Eble dans ce pays est incontestée ; elle est en particulier constatée par la concession qu'il fit, en janvier 934, aux moines de

<hr>

(1) Volume I, chap. VI *bis*, p. 72 et 73. — Nous avons nous-même souligné les passages sur lesquels nous voulons appeler l'attention des lecteurs de la *Revue*.

Saint-Cyprien, à la demande de son vassal Roger, de portion du bénéfice que celui-ci possédait en Aunis pour y établir des salines. » (*Cartul. de Saint-Cyprien*, pp. 318 et 319).

Parlant plus loin des nombreuses concessions de terrains faites sur les côtes de l'Aunis aux abbayes de Noaillé, de Saint-Cyprien et de Saint-Maixent, afin d'y établir des salines [il aurait pu ajouter à l'abbaye de Saint-Jean d'Angély et autres], il dit encore : « Ces chartes, outre l'intérêt qu'offre leur objet spécial, permettent encore d'affirmer *que l'Aunis était dans la possession directe des comtes de Poitou*, possession déjà établie, comme nous l'avons vu, au temps du comte Eble (1). »

Ces quelques citations relatives à la situation politique et administrative de notre pays pendant le X° siècle étaient nécessaires pour bien montrer la manière de voir de M. Richard, en ce qui le concerne. Elles se rapportent à deux questions principales : 1° situation de l'Aunis ; 2° situation de la Saintonge proprement dite.

1° *Situation de l'Aunis.* — Dans le haut moyen âge, on entendait par Aunis, non seulement comme aujourd'hui les environs de La Rochelle et de Surgères, mais encore tout le nord du département de la Charente-Inférieure compris entre la Sèvre, la Charente et la Boutonne, avec la portion limitrophe du département des Deux-Sèvres située entre cette même Sèvre et un vieux chemin à travers bois, qui allait de Villeneuve-la-Comtesse (canton de Loulay) à Niort ; les îles d'Aix et de Ré en plus. C'était, dans son entier, l'ancien archidiaconé d'Aunis du diocèse de Saintes, pays tout à fait distinct, dont l'origine remonte certainement à la période gauloise. Dès le X° siècle, les comtes de Poitou sont incontestablement, comme le dit M. Richard, les maîtres directs de cette région. Ils en jouissent et en disposent comme d'un domaine propre ou d'un bien du comté. En janvier 942, c'est à la demande d'Eble, frère du comte de Poitou, que Louis d'Outremer réforme le monastère de Saint-Jean d'Angély et met à sa tête l'abbé Martin (2). Cette abbaye fut reconstruite et richement dotée, à diverses reprises, de biens situés en Aunis par le comte Guillaume Fier-à-Bras : vers 988, après sa réconciliation momentanée avec sa femme, il donne la terre de Muron à

---

(1) Volume I, chap. VIII, p. 97, note 3.
(2) *Cart. de Saint-Jean d'Angély*, par Musset, I, charte 1, p. 11.

ce monastère, qui est parmi ceux que, Dieu aidant, il a construits (1) ; en janvier 991, il donne le bois d'Essouvert au couvent du saint précurseur du Christ, Jean-Baptiste, qu'il a lui-même édifié (2) ; vers la même époque, il lui donne encore les églises de Benon, divers biens aux alentours, et des droits de pêcheries à Esnandes (3). — Ce même comte donne, en janvier 988, à l'abbaye de Noaillé l'immense domaine, sis sur les bords de la rivière Le Curé (*Liguriacum*), qui devint plus tard le riche prieuré de Saint-Sauveur de Nuaillé (4) ; et, vers la même époque, à l'abbaye de Saint-Hilaire de Poitiers, la vaste presqu'île de Rex, à la jonction du Mignon et de la Sèvre, terre de son domaine située en Aunis, avec ses paroisses et tout ce qui en dépend (5) ; il donne aussi à l'abbaye de Saint-Martial de Limoges la paroisse d'Anais (canton de La Jarrie), donation renouvelée et confirmée par son fils, vers l'an 1000 (6) ; il homologue, enfin, le don de l'aleu de Rançon, près Mauzé, fait à l'abbaye de Saint-Cyprien par une dame Arsende, vers 986-993 (7). — Lorsqu'en 1003, Guillaume le Grand, son fils, dote l'abbaye de Maillezais, fondée par ses père et mère, il donne en Aunis l'île et la paroisse de Taugon (canton de Courçon), plus la moitié des droits de péage perçus au pas de Maillé ou de Mauzé, l'autre moitié appartenant au comté (8) ; et pour récompenser l'abbaye de Saint-Cyprien de lui avoir ainsi enlevé l'abbaye de Maillezais, rendue indépendante, il lui donne en même temps tout le bois de Dœuil (canton de Loulay), et toute la terre de Rançon ci-dessus indiquée (9).

Ce même Guillaume le Grand, vers l'an 1000, donna à l'abbaye de Saint-Jean d'Angély la partie de la forêt d'Argençon comprise entre les trois églises de Dœuil, de Saint-Félix et de Saint-Christophe (localité disparue, près de Vergné), dans le canton de Loulay (10). Rappelons enfin, qu'il gratifia, comme nous l'avons vu, de divers châteaux en Aunis le comte d'Angoulême, et que

(1) *Cartulaire de Saint-Jean d'Angély*, par Musset, I, charte 192, p. 231 et 232.
(2) *Idem*, I, charte 7, p. 27 et 28.
(3) *Idem*, I, charte 6, p. 26.
(4) *Charles de Noaillé*, dans *Dom Fonteneau*, tome XXI, p. 303.
(5) *Documents pour Saint-Hilaire*, par Rédet, I, p. 57.
(6) *Chronicon B. Iterii*, dans *Chroniques de Saint-Martial*, par Duplès-Agier, p. 45.
(7) *Cartul. de Saint-Cyprien*, par Rédet, charte 511, p. 311.
(8) *Histoire de La Rochelle*, par Arcère, t. II, p. 663.
(9) *Cart. de Saint-Cyprien*, charte 513, p. 310.
(10) *Cartul. de Saint-Jean d'Angély*, par Musset, I, charte 8, p. 28 et 29.

ces châteaux paraissent avoir été ceux de Surgères, de Châtelaillon, voire de Frontenay.

Voilà certes des preuves de possession directe autrement significatives que les abandons de quelques lais de mer pour être transformés en salines, ce que M. Richard a cependant bien fait de souligner, puisque cela corrobore les faits principaux. Il ne les néglige pas, du reste, puisqu'il les relate pour la plupart, mais sans en tirer ces mêmes conséquences, dans son chapitre IX, relatif au comte Guillaume Fier-à-Bras.

Il est bien regrettable, surtout pour nous autres, qu'à propos de l'Aunis et du régime auquel était soumise cette partie de notre région, M. Richard n'ait pas cru devoir s'occuper de son extension au nord de la Sèvre et aux alentours de Niort, question posée par Rédet, son savant prédécesseur aux archives de la Vienne (1). D'autant plus que cela expliquerait peut-être pourquoi les comtes de Poitou possédaient l'*Aunis saintongeais*, si l'on peut s'exprimer ainsi, et que c'est dans ses propres travaux qu'on trouve les meilleurs renseignements pour éclaircir ce problème historique (2).

Au nord de la Sèvre, entre son embouchure et Niort, l'évêché de Saintes, l'archidiaconé d'Aunis, et l'Aunis lui-même par conséquent, ont toujours compris deux localités importantes : l'Ile d'Elle, près de Marans, et Coulon, près de Niort ; tandis que l'évêché de Poitiers ou le Poitou n'a jamais, par contre, franchi ce fleuve vers le sud. Si l'adjonction de l'Ile d'Elle et de son territoire à l'Aunis peut être expliquée à la rigueur par un changement de cours de la Sèvre, dont le confluent primitif avec la Vendée aurait été jadis plus au nord, près du Gué de Velluire, laissant l'Ile d'Elle sur sa rive gauche, il n'en est pas de même de Coulon et de son vaste territoire de près de 3.000 hectares. Celui-ci était tout entier sur la rive droite de la Sèvre, dans la plaine calcaire dite de Niort, et s'étendait jusqu'au grand chemin de Niort à Fontenay et jusqu'aux portes mêmes de Benet. Or, la paroisse de Coulon était incontestablement située en Aunis. En 869, le concile de Verberie confirme à l'abbaye de Charroux la donation de : *Colonum, in pago Alniense* (3). Coulon a

---

(1) *Cartul. de Saint-Cyprien*, notes géographiques, p. 136 et 137.

(2) *Cartul. de Saint-Maixent*, par Alfred Richard, *in Arch. hist. du Poitou*, t. XVI.

(3) Besly, *Hist. des comtes de Poitou*, Preuves, p. 152.

toujours été porté, du reste, dans l'évêché de Saintes, malgré les transformations diocésaines subies par cette région de la Sèvre.

Mais il y a plus : d'autres localités situées au nord de la Sèvre et appartenant alors à l'évêché de Poitiers, sont aussi indiquées comme se trouvant en Aunis. Entre 932 et 936, sous le règne du roi Raoul, le comte Guillaume Tête d'Étoupe, qui venait de succéder à son père Eble le Bâtard, concède aux moines de Saint-Cyprien, à la prière du vicomte Savari de Thouars, une écluse à poissons dont jouissait celui-ci, au village de Reth (*Trajecto*), sur la Sèvre, dans la contrée de Célette (*condita Celiacinse*), au pays d'Aunis (*in pago Alieninse*) (1). C'était, il est vrai, non loin de Coulon (*in rem Sancti Salvatoris*) ; néanmoins, il s'agit du territoire actuel des communes de Damvix, de Sainte-Christine et de Saint-Sigismond (canton de Maillezais), dans l'angle formé par le confluent de l'Autize et de la Sèvre.

Une charte-notice, dressée plus tard et vers 1015, mais qui ne peut qu'exprimer des idées reçues et d'ancienne date, rapporte qu'Archambaud, archevêque de Bordeaux, resté abbé de Saint-Maixent, fit lever par Guillaume Aigret, duc d'Aquitaine, tous les droits injustes que les seigneurs de Vouvant avaient récemment établis sur toutes les terres de Saint-Maixent situées dans la plaine d'Aunis (*in plano Alnisio*), et même le droit que ce comte et sa femme Ermensende prélevaient, comme leurs prédécesseurs, à Artiz (commune et canton de Saint-Hilaire des Loges), à Oulmes (même canton), et à Vouillé-les-Marais (canton de Chaillé). Ils firent remise perpétuelle à Saint-Maixent de tout droit perçu par eux dans la plaine d'Aunis (*in plano Alnisio*, répété une seconde fois), sur la terre de Saint-Maixent et sur celle de Marsais-Sainte-Radégonde (canton de L'Hermenault, Vendée) (2). Ce texte, édité par M. Richard lui-même, est très clair : c'est à toute la plaine de Fontenay-le-Comte et aux îles du marais de Luçon que s'applique l'expression de *plaine d'Aunis*.

Auprès de Niort, les indications sont tout aussi probantes, et Coulon n'était point la seule localité de la rive droite de la Sèvre située en Aunis. Le chef-lieu de la *vicaria Bassiacensis*, si souvent citée dans les cartulaires des abbayes, au X° siècle, était, à n'en pas douter maintenant, le faubourg actuel de Bessac à Niort, dans la boucle de la Sèvre et sur sa rive droite. Il est cons-

---

(1) *Cartul. de Saint-Cyprien*, par Rédet, charte 515, p. 323 et 324.
(2) *Cartul. de Saint-Maixent*, par A. Richard, I, charte 108, p. 134 et 135.

tamment donné comme situé en pays d'Aunis, et cela est d'autant plus significatif qu'il est resserré entre deux vigueries poitevines très rapprochées : la viguerie de Chauray (*ricaria Calviacensis*) au nord, et la viguerie d'Aiffres ou de Martigny (*ricaria Afriacensis ou ricaria Marniacensis*) au sud, deux communes actuelles du premier canton de Niort. La viguerie de Bessac s'étendait, dans l'évêché de Saintes et sur la rive gauche de la Sèvre, jusques aux abords de la vallée du Mignon. Elle renfermait, à n'en pas douter, Saint-Florent, la ville et la commune actuelle de Niort, jusqu'au territoire de la commune de Souché et jusqu'au cours inférieur du Lambon, y compris la belle fontaine du Vivier. Le *Fornax calidus*, ou *Fornix calida, in ricaria Bachiacinse*, ou *prope Niortum*, souvent cité dans le *Cartulaire de Saint-Cyprien* (1), est le quartier ou rue du Vieux-Fourneau, à Niort même, sur la hauteur qui domine la ville ; et l'église la plus proche, Saint-André, est sans doute l'*ecclesia de Fornis*, située dans l'évêché de Saintes et donnée à l'abbaye de Charroux par Charlemagne, en même temps que l'église de Saint-Florent avec les terres adjacentes (à savoir le château de Niort, sa viguerie, ses églises et ses cimetières), la cour de Jarnac-Champagne et la cour de Cressé (2). Cet acte ou testament est, il est vrai, une compilation fabriquée vers la fin du XI° siècle, mais à l'aide d'actes authentiques (3). — La viguerie de Bessac, c'est-à-dire l'Aunis, s'étendait aussi à des localités situées dans la plaine de Niort jusqu'à l'Autize au moins, notamment à Sciecq (deuxième canton de Niort), rive droite de la Sèvre, et à Oulmes (canton de Saint-Hilaire des Loges), déjà cité. Une charte du *Cartulaire de Saint-Cyprien* portant donation par Sénégonde de nombreux biens, en 936 ou 937, énumère ceux-ci par pays et par vigueries, et place dans le pays d'Aunis et dans la viguerie de Bessac la villa *Ulmus*, qui ne peut être qu'Oulmes, et la villa *Iziacus*, que nous pensons être Sciecq (4). Vers l'an 1000, l'église de Saint-Maxire, sur la Sèvre, est dite dans le pays et la viguerie de Niort, substituée vers cette époque à celle de Bessac (5).

---

(1) *Cartul. de Saint-Cyprien*, par Rédet, p. 313, 314, 322, 325, 326.

(2) Mabillon, *Ann. Bened.*, t. II, p 711.

(3) *Etude sur les comtes et vicomtes de Limoges*, par Robert de Lasteyrie, *Pièces justificatives*, n° 1, p. 91.

(4) *Cartul. de Saint-Cyprien*, par Rédet, charte 519, p. 325, et charte 567, p. 332.

(5) *Idem*, charte 562, p. 329 et 330.

Tout cela démontre surabondamment que l'Aunis primitif s'étendait sur les deux rives de la Sèvre, depuis la mer jusqu'à Niort, cette ville comprise, englobant toute la plaine de Fontenay et son marais, depuis le Lay (c'est-à-dire une région qui appartenait au diocèse de Poitiers et formait la partie ouest de l'archidiaconé de Brioux), tout aussi bien que l'archidiaconé d'Aunis du diocèse de Saintes, qui seul en a gardé le nom. Nous pouvons même nous demander, à notre tour, si cette région basse et plate ne répond pas au petit peuple gaulois des Anagnutes que Pline a placé au sud de la Loire avec les Ambilatri, à côté des Pictons et des Santons (1). Le nom lui-même se prête à cette interprétation, car les plus anciennes formes latines sont, aux IX° et X° siècles, *pagus Alienensis* ou *Alienensis*, et ce n'est que dans le cours du XI° siècle que l'usage du mot *Alnisius* paraît s'être introduit, comme le fait observer M. Richard lui-même dans un autre ouvrage (2). *Anagnutes* et *Alagnices* sont bien voisins. Bien voisin aussi le dérivé *Alienensis*. Enfin, s'il fallait proposer une étymologie du nom, nous le rattacherions volontiers aux mots latins *planus* pour *palanus*, *planities* pour *palanities*, grec *pelagos*, avec chute du *p* initial, fait qui se produit assez souvent dans nos langues. En ce cas, notre nom moderne de *pays de Plaine* ne ferait que répéter l'ancien nom gaulois de la région, et les Anagnutes ou Aunisiens d'autrefois ne seraient autres que les Plaineaux de nos jours.

L'Aunis ainsi compris, ayant formé un pays distinct, comme le pays d'Herbauge (*pagus Herbadillicus*), qui le bordait au nord, a bien pu avoir, sous les Mérovingiens, ses comtes particuliers, bien que les documents historiques n'en fassent pas mention. Plus tard, soit lors des guerres d'Aquitaine, soit lors des premières invasions normandes, ce comté sera tombé tout entier aux mains des comtes de Poitou, qui l'ont toujours gardé, comme ils ont gardé l'ancien pays ou comté d'Herbauge. Telle serait, à titre d'hypothèse, l'origine de leurs droits et de leur domination en Aunis. Plus difficile à expliquer serait le partage de cet Aunis primitif entre les deux évêchés voisins de Poitiers et de Saintes, avec le cours de la Sèvre comme limite générale. Il y a là un point historique à résoudre que l'absence de documents ne peut faire qu'ajourner.

---

(1) Pline, *Hist. nat.*, livre IV, chap. XXXIII.
(2) *Cartul. de Saint-Maixent*, I, charte V, p. 9, note 1.

2° Situation de la Saintonge. — En ce qui concerne la situation de la Saintonge proprement dite, non seulement M. Richard, si bien documenté pour le Poitou, ne nous renseigne pas mieux que ses prédécesseurs, mais il nous déroute même par quelques données toutes personnelles, qu'il lance un peu au hasard, sans même un commencement de preuves à l'appui.

Le dernier comte particulier que nous trouvons en Saintonge sous les Carlovingiens est Landri, qui s'était emparé par surprise du château de Bouteville, précédemment occupé par Turpion, comte d'Angoulême, et que lui disputait, les armes à la main, Emmenon, frère et successeur de Turpion. Landri fut tué dans le combat, et Emmenon fut ramené blessé au château de la Roche (La Roche-Andri, pensons-nous), où il mourut lui-même huit jours après, au mois de juin 863. Quelque temps auparavant, le 4 octobre 863, le comte Turpion avait aussi péri de mort violente dans un combat contre les Normands, livré *au delà de* Saintes par rapport à Angoulême, c'est-à-dire entre Saintes et la mer. C'est Charles le Chauve qui avait nommé Turpion d'abord, puis Emmenon, comtes d'Angoulême, en même temps qu'il fit Rammulfe comte de Poitiers ; car, en abandonnant l'Aquitaine à son neveu Pépin II, il avait retenu pour lui le Poitou, la Saintonge et l'Angoumois. Il n'est pas dit qu'il mit en même temps un comte en Saintonge, d'où l'on peut admettre que Landri avait été déjà placé à la tête de ce comté par un de ses prédécesseurs au royaume d'Aquitaine. Quoi qu'il en soit, en apprenant la mort des comtes Emmenon et Landri, Charles le Chauve envoya de suite en Aquitaine un sien parent, Wulgrin, frère d'Alduin, abbé de Saint-Denis, qu'il fit comte d'Angoulême et de Périgord (1). Quant à Landri, il n'est question nulle part de son successeur, et il est fort probable qu'il ne fut pas remplacé. Ce pays de Saintonge, soumis aux continuelles attaques des Normands, ne comptait presque plus au point de vue administratif, de même que le pays d'Herbauge, sur les côtes du Poitou, et que le Bordelais, exposés aux mêmes déprédations et dont les comtes particuliers disparaissent également de l'histoire précisément à cette même époque.

Il n'est dit nulle part que Wulgrin, comte d'Angoulême, ait eu aussi la Saintonge ; mais nous savons qu'il étendit sa domi-

---

(1) Voir pour tous ces faits : 1° *Chron. d'Adémar*, III, chap. XVI et XIX, édition Chavanon, p. 132 et 136 ; 2° *Histoire des pontifes et des comtes d'Angoulême*, chap. X et XI, édition Castaigne, p. 18 et 19.

nation sur certaines parties de ce pays, pendant le cours de son gouvernement, qui dura vingt ans, de 868 à 888. Il construisit notamment, dès son arrivée, le château de Matha, dont il voulait faire un rempart contre les Normands ; et, après lui, cette vaste châtellenie, située tout entière en Saintonge, resta pendant plus de trois siècles dans la possession directe des comtes d'Angoulême, ses successeurs, qui la donnaient en apanage aux cadets de la famille. Comme Wulgrin fut en lutte continuelle avec les Normands, et que la Saintonge, par sa position géographique, devint pour lui un véritable champ de bataille, il est difficile d'admettre que selon les nécessités de la guerre, il n'y commanda pas souverainement. Il dut garder tout au moins sous sa main la châtellenie de Bouteville, déjà tenue par son prédécesseur Turpion. Nous voyons, en effet, son petit-fils, Guillaume Taillefer, qui fut comte de 916 à 962, donner à l'abbaye de Saint-Cybard (1) et à la cathédrale d'Angoulême (2) de grands biens sis en Saintonge, tant dans la châtellenie de Bouteville que dans celle d'Archiac, ce qui suppose de sa part une autorité directe dans cette région de la Grande et de la Petite Champagne ; et on comprend dès lors que le chroniqueur Adémar de Chabannes ait pu dire plus tard que les châtellenies de Bouteville et d'Archiac étaient des dépendances inaliénables du comté d'Angoulême (3). Cela doit s'entendre évidemment d'un état de subordination fort ancien, datant de la constitution même du comté d'Angoulême ou de sa dynastie régnante, c'est-à-dire du temps de Wulgrin.

Matha et Archiac étaient-ils en Saintonge des sortes d'avancées, des possessions isolées de l'Angoumois ? Loin de là. Entre les châtellenies de Matha et d'Archiac, s'étendait sur les deux rives de la Charente, la châtellenie de Cognac, qui dépassait dans la direction de Saintes le confluent du Né. En 1003, c'est devant le comte d'Angoulême, Guillaume II, assisté de Grimoard, son évêque, qu'est porté un différend relatif au domaine de Coulonge (commune de Saint-Sulpice de Cognac), situé dans la viguerie de Migron, et qui dépendait alors, comme depuis, de

---

(1) *Chronique d'Adémar*, livre III, chap. XIV, édition Chavanon, p. 115 et 116.

(2) *Cartul. de l'église d'Angoulême*, par l'abbé Nanglard, charte III, p. 28.

(3) *Loc. cit.*, III, chap. LXVII.

la châtellenie de Cognac (1). Dès cette époque, et probablement auparavant, Cognac relevait donc d'Angoulême, comme il en relevait vingt-cinq ans plus tard, lorsque Geoffroy, fils du comte Guillaume II, était seigneur dominant à Merpins (2). En amont de Cognac, et à cheval aussi sur la Charente, était la châtellenie de Jarnac. A la fin du Xe siècle, nous trouvons celle-ci aux mains d'une puissante famille de seigneurs, dits *comptarios*, qui relèvent des comtes d'Angoulême et dont un membre, Hugues, fut évêque d'Angoulême de 973 à 990.

Au sud-ouest et en voisinage d'Archiac, on trouve, dès les IXe et Xe siècles, le grand territoire de Jonzac, importante viguerie d'abord, puissante châtellenie ensuite, dont l'histoire est fort curieuse. Selon une tradition, Charlemagne aurait donné Jonzac et ses dépendances à l'abbaye de Saint-Germain des Prés, du temps de l'abbé Irminon, mort vers 817. Par la suite, un successeur de cet abbé, dont on ignore le nom, en aurait disposé en faveur d'un de ses neveux, moyennant une redevance annuelle de pure forme, treize couteaux de table et une peau de cerf, plus l'hommage féodal (3). Toujours est-il que les seigneurs de Jonzac, dès le XIIe siècle, ont fait hommage de leur châtellenie à cette abbaye (4), et qu'on retrouve les traces indéniables de celle-ci dans de nombreuses paroisses environnantes. L'église de Saint-Germain de Luzignan, la principale paroisse de la région, dont Saint-Martin de Clam a été un démembrement, aurait été construite par un abbé de Saint-Germain et est dédiée au saint patron de l'abbaye. L'église de Saint-Georges de Cubillac est dédiée au martyr de Cordoue, dont les reliques furent apportées en France, vers 858, par deux moines de l'abbaye de Saint-Germain. L'église de Saint-Germain de Vibrac, et l'ancienne abbaye de Saint-Ource, située dans cette commune, rappellent aussi Saint-Germain d'Auxerre et saint Ursus, évêque avant lui. Quant à l'église même de Jonzac, dédiée à saint Gervais, rappelons que c'était un des saints dont l'abbaye de Saint-Germain possédait les reliques.

Le fait d'un don de Jonzac à Saint-Germain des Prés peut donc

---

(1) *Cartul. de Moissac*, in collection Doat, à la Bibliothèque nationale, vol. 128, fol. 31.

(2) *Cartul. de Sarigny*, charte 635.

(3) *Histoire de l'abbaye de Saint-Germain-des-Prés*, par dom Bouillart, liv. II, p. 23.

(4) *Arch. hist., de la Saintonge et de l'Aunis*, t. XX, pièce III, p. 171, n° 1.

être tenu pour exact. Remonte-t-il à Charlemagne ? C'est douteux. D'abord le *Polyptique d'Irminon*, qui énumère avec tant de détails les biens de l'abbaye de Saint-Germain vers cette époque, ne parle pas de Jonzac (1). Ensuite, on a mis au compte de Charlemagne bien des actes de ses successeurs, comme en témoigne la fameuse charte de Saint-Cybard d'Angoulême (2). Mais ce don peut bien remonter à Charles le Chauve. Quel est, dans la région, le personnage, neveu d'un abbé de Saint-Germain, qui aurait reçu Jonzac ? Peut-être un des fils ou un des gendres de Wulgrin, comte d'Angoulême, dont le frère Alduin, abbé de Saint-Denis, fut aussi abbé de Saint-Germain ; puisque nous voyons Guillaume Taillefer disposer, en 940, du village de (?) Tugéras ou (?) Tauriac (*Talauriça villa*), viguerie de Jonzac, en faveur de l'église d'Angoulême (3) ; puisque nous voyons également Hildegaire, vicomte de Limoges, et sa femme Tetberge donner vers la même époque l'église de Saint-Pierre de Neuillac à l'abbaye de Saint-Cybard d'Angoulême (4). Des seigneurs du nom de Foucher, d'Alduin, d'Eble et d'Emma, noms habituels dans la famille des vicomtes de Limoges, sont encore en possession de cette châtellenie vers 1075. A cette époque leur succèdent, sans doute par alliance, des Guillaume de La Roche ou La Rochandri, qui la gardent pendant deux siècles (5). Conclusion : Jonzac et ses dépendances gravitaient aussi, avant l'an 1000, dans l'orbite des comtes d'Angoulême ou de leurs alliés.

Au midi d'Archiac et de Jonzac, la Saintonge s'étendait fort loin, jusqu'aux rivières de la Tude et de la Dronne, qui formaient ses limites avec le Périgord ; jusqu'aux landes de Bussac, qui la séparaient du Blayais, possession conquise ou reconquise vers l'an 1000 par Guillaume II, comte d'Angoulême, avec l'aide du duc Guillaume d'Aquitaine, qui lui en confirma la jouissance (6) ; et jusqu'à la Gironde, qui lui formait une limite naturelle. Là, nous trouvons diverses châtellenies, Barbezieux, Coiron, Chalais, Montausier, Montlieu, Montguyon, Montendre et

(1) *Polyptique de l'abbé Irminon*, par Guérard, Paris, 1844.

(2) *Cartul. de l'église d'Angoulême*, par l'abbé Nanglard, charte 136, p. 152.

(3) *Idem*, charte 3, p. 28.

(4) *Notice sur les manuscrits d'Adémar*, par L. Delisle, in Manuscrits de la Bibliothèque nationale, t. XXXV, 1896, p. 316.

(5) *Cartul. de Saint-Jean d'Angély*, par Musset, et *Cartulaire de Baigne*, par l'abbé Chollet.

(6) *Chronique d'Adémar*, lib. III, chapitre XXXXI.

Mirambeau, qui paraissent n'avoir été établies que fort tard, après l'an 1000 et dans la seconde moitié du XI° siècle. En effet, ces noms n'apparaissent pas dans l'histoire avant cette époque. Ils sont eux-mêmes pour la plupart de formation moderne, car le radical *mons* qui entre dans leur composition indique plutôt une motte féodale ou fortifiée qu'une véritable hauteur ou monticule. Ces localités ont été toutes édifiées après l'établissement des paroisses dans lesquelles elles se trouvent, dont le chef-lieu est resté un village voisin, quand on n'en a pas distrait une faible partie de territoire pour leur constituer une paroisse distincte : Coiron est de la paroisse de Bardenac, Montausier de celle de Sainte-Radégonde, Montlieu de celle de Saint-Laurent du Roc, Montguyon de celle de Vassiac, Montendre de celle de Chardes (1), Mirambeau de celle de Niort. Chalais a été sûrement une dépendance de la paroisse de Sainte-Marie de Déou, dont il formait l'angle méridional, au confluent de la Tude et de la Viveronne. Quant à Barbezieux, il paraît avoir dépendu d'abord de Saint-Séverin, hameau actuel de la commune, primitivement paroisse. Ce sont d'abord de purs châteaux défensifs, de véritables postes militaires, autour desquels persistent jusque vers la fin du XI° siècle les anciennes vigueries administratives, établies dans des localités différentes, plus anciennes, et dont la circonscription est beaucoup plus étendue. Ces vigueries étaient : la *ricaria Pedriacensis* ou *Petracensis*, comprise entre le Né, le Trèfle et la rivière de Lamérac, et s'avançant jusqu'auprès de Barbezieux ; le chef-lieu, difficile à fixer, paraît avoir été Pérignac (canton de Pons) ; la *ricaria Condeacensis* (2), chef-lieu Condéon, comprenant, semble-t-il, la plus grande partie des châtellenies de Barbezieux et de Coiron ; la *ricaria Rocimagencis* (3), chef-lieu (?) Rioux-Martin, correspondant à peu près à l'ancienne châtellenie de Chalais ; la *ricaria Cathmeriensis* (4), sans doute nom de région, peut-être du pays de Chaux, correspondant aux châtellenies de Montauzier, de Montlieu, de Montguyon et à la plus grande partie de celle de Montendre ; enfin, la *ricaria Cosnacensis* ou de Conac, correspondant aux châtellenies de Conac et de Miram-

---

(1) Voir Rainguet, *Études sur l'arrondissement de Jonzac.*
(2) *Cartulaire de Baigne*, par l'abbé Chollet, charte 459, p. 187.
(3) *Idem*, charte 381, p. 161, et L. Delisle, *loc. cit.*, p. 317.
(4) *Cartulaire de Baigne*, passim.

beau, qui s'étendait jusqu'au village de Jean-Vérat (Genuerac), commune de Coux, sous le château de Montendre (1).

Nous pensons être dans le vrai, en disant que tous ces châteaux-forts ont été édifiés ou autorisés par les comtes d'Angoulême, qui les ont confiés du reste, dès le début, à des membres de leur famille ou à des chevaliers dévoués à leur cause. Le premier ou le second seigneur de Barbezieux est Alduin, fils d'autre Alduin, marié à Gerberge, fille de Geoffroy, comte d'Angoulême, et c'est ainsi que son fils Itier, qui lui succède, se trouve indiqué comme le propre neveu du comte Foulques dans une charte de 1075 (2). Le premier seigneur de Montauzier est Arnaud, fils de ce même comte Geoffroy, et frère de ce même comte Foulques ; il a pour successeur un neveu ou arrière-neveu, Foulques (3). Est aussi leur frère, Guillaume Rudel, seigneur de Blaye, qui recueillit cette châtellenie dans le partage de famille. Les premiers seigneurs de Chalais sont des Hélies, apparentés soit aux seigneurs de Jarnac, soit à ceux de Villebois. Les premiers seigneurs de Montendre et de Montlieu sont, vers 1000, des Guillaume de la même famille, qui semblent provenir des Guillaume de Blaye (4). Les premiers seigneurs connus de Mirambeau, qui le sont aussi de Conac, sont, vers le milieu du XIe siècle, des Josbert, des Artaud, ou des Arnaud, alliés, semble-t-il, aux seigneurs d'Archiac et de Cognac (5).

Ajoutons que l'abbaye de Baignes, réorganisée sinon fondée vers 1035, dans un recoin détaché d'une paroisse voisine, peut-être celle de Mathelon aujourd'hui disparue, est sous la dépendance du comte Geoffroy d'Angoulême, qui confirme la nomination de son premier abbé connu, Itier de Barret, frère d'un chevalier de sa cour (6).

Donc, avant et autour de l'an 1000, tout l'est et tout le sud de la Saintonge, entre la Charente, la Dronne et la Gironde, relève directement ou indirectement des comtes d'Angoulême, héritiers de Wulgrin, de même que l'Aunis relève du Poitou. En veut-on d'autres preuves d'ordre général ? Lorsque l'évêché de Saintes est pourvu d'un nouveau titulaire, vers l'an 1000, qui choisit-

---

(1) *Cartul. de Baigne*, charte 142, p. 71.
(2) *Idem*, passim.
(3) *Idem*.
(4) *Idem*.
(5) *Cartul. de Savigny*, passim.
(6) *Cartulaire de Baigne*, charte 120, p. 63.

on pour ce poste ? Un seigneur périgourdin de l'entourage des comtes d'Angoulême, Islon, frère cadet de Grimoard de Mucidan, déjà lui-même évêque d'Angoulême et abbé de Saint-Cybard. Lorsqu'un peuple en courroux brûle la cathédrale et une partie de la ville de Saintes, à la fin de l'été de 1027, qui songe à punir les coupables de ce sacrilège ? Guillaume II, comte d'Angoulême, qui, tout édifié par son récent pèlerinage à Jérusalem, se prépare à venger cette injure à Dieu (1). La charte de fondation de Notre-Dame de Saintes, en 1047, est signée par une foule de grands seigneurs, rangés par catégories, les angevins d'un côté, les poitevins d'un autre, et les saintongeais en deux ou trois séries. Dans celle qui comprend le comte d'Angoulême et ses fils se trouvent, en outre, Hélie de Chalais, Hélie de Jarnac et Foucaud de la Roche (2). Aucune trace d'autres châtelains du sud de la Saintonge au bas de cet acte solennel.

Il est d'autres châtellenies saintongeaises plus éloignées de l'Angoumois dont nous ne connaissons pas l'état antérieur à l'an 1000. Ce sont, le long de la Gironde, avec Conac, les châtellenies de Mortagne, de Didonne et de Mornac (3), qui occupent le pays jusqu'à la Seudre et même au delà ; puis, au nord de Saintes, les châtellenies de Taillebourg, de Tonnay-Charente et de Soubise, dans la région comprise entre Boutonne et Charente, jusqu'à la limite de l'Aunis et des territoires d'Aunay, de Matha et de Cognac ; dans la vallée même de la Charente, en aval de Saintes ; et dans le grand angle formé entre la basse Charente et la côte, jusqu'au chenal de Brouage et au trajet actuel du canal de même nom. Mais dès le premier tiers du XIe siècle, ces châtellenies ont de puissants seigneurs particuliers, les princes (*principes*) du pays, comme on les appelle dans les chartes de l'époque, ce qui suppose l'établissement déjà ancien et de ces châtellenies et des familles qui les détiennent. Exception seule pourrait être faite pour la châtellenie de Soubise, que nous trouvons pour la première fois un peu après 1100 seulement, entre les mains d'un vicomte de Thouars.

Que reste-t-il après cela de la Saintonge proprement dite qui n'ait pas de maîtres directs, à la fin du Xe siècle, au moment où

---

(1) *Chronique d'Adémar*, liv. III, chap. LXVI.
(2) *Dom Fonteneau*, t. XXV, p. 335.
(3) Leurs quatre seigneurs forment une série distincte dans la charte de fondation de Notre-Dame de Saintes.

Guillaume le Grand devint comte de Poitiers et duc d'Aquitaine ?
Il reste Saintes et sa banlieue, qui paraît assez étendue vers
l'ouest et le nord-ouest, Pons, Brouë et la presqu'île de Marennes, plus l'île d'Oléron. C'est cela seul, à n'en pas douter, qui
fut donné, pour le tout ou partie, en jouissance viagère ou ré-
versible, à Foulques Nerra ; car c'est là seulement que nous
voyons plus tard son successeur, Geoffroy Martel, faire des
générosités aux abbayes de la Trinité de Vendôme et de Notre-
Dame de Saintes.

Il est donc difficile d'après l'examen détaillé que nous venons
de faire, de trouver, dans tout le cours du X⁰ siècle, de quoi justifier que « la région située au sud de la Charente était devenue
un champ de compétition entre les comtes voisins de Bordeaux,
de Périgueux et d'Angoulême », et que « les évêques de Saintes,
à l'exemple de nombreux prélats de cette époque cherchaient à
se constituer un grand domaine féodal. » Cela ne se voit nulle
part, et il y a même de réelles impossibilités à ce que cela soit.
D'abord, il faut mettre hors de cause les évêques de Saintes, pour
cette bonne raison qu'il n'y en avait pas alors. Les invasions normandes, parmi leurs plus tristes conséquences, eurent celle de
laisser le siège épiscopal de Saintes vacant pendant près d'un
siècle et demi. Le dernier évêque de Saintes connu au IX⁰ siècle
est Fricou ou Froult (*Freculphus*), qui assista au concile de Sois-
sons, en 862, et au concile de Pistes, en 864. On ne lui trouve ensuite comme successeur qu'Abbon, qui assiste, en 989, au concile
de Charroux et, en 990, au sacre d'Alduin, évêque de Limoges.
Pendant ce long intervalle de temps, on ne voit aucune trace
d'évêques de Saintes, bien que les chroniqueurs régionaux aient
noté avec soin la succession des évêques de Poitiers, d'Angoulême et de Périgueux. Le même fait s'est produit à Bordeaux, ce
qui est encore plus significatif en raison du siège métropolitain ;
car, nous savons que Frotier, son titulaire, abandonna son siège,
vers 875, par suite de la désolation du pays, pour aller prendre
d'abord l'évêché de Poitiers, puis l'archevêché de Bourges, et
qu'il n'eût, lui aussi, de successeur certain qu'à la fin du X⁰ siècle, en la personne de Gombaud. Il faut en conclure que ces
sièges ont vaqué aussi bien l'un que l'autre. Par conséquent, ce
ne sont point les évêques qui ont cherché à accaparer l'administration civile de la Saintonge.

Il faut également mettre hors de cause, et pour la même raison, les comtes de Bordeaux. Après Seguin, comte de Bordeaux

et de Saintes, pris et tué par les Normands en 815 (1), les comtes de Bordeaux disparaissent comme les archevêques et avant eux. En 904, on ne trouve plus qu'un duc de Gascogne, Sanche-Garcie, dont le pouvoir s'étend jusqu'à la mer, par suite jusqu'à Bordeaux (2), et ce n'est que vers 980 qu'un comte authentique de Bordeaux, Bernard-Guillaume, apparaît de nouveau, en même temps que l'archevêque Gombaud, qui aurait été son frère. Encore tout cela repose-t-il sur des chartes discutées, auxquelles on ne peut se fier qu'à demi. Pendant tout le X° siècle et avant l'an 1000, les comtes de Bordeaux ne font figure nulle part, en Saintonge moins que partout ailleurs, et leur existence même reste problématique. En tout cas, le Blayais, passé de bonne heure aux mains des comtes d'Angoulême, leur aurait fermé l'accès de la Saintonge, si c'eût été nécessaire.

En ce qui concerne les comtes de Périgord, ils sont les mêmes que les comtes d'Angoulême, depuis Wulgrin jusqu'à la fin du X° siècle. Nous avons déjà noté, en effet, que Charles le Chauve avait donné à Wulgrin à la fois les comtés d'Angoulême et de Périgueux, auxquels celui-ci adjoignit même le comté d'Agen, dont il avait hérité par sa femme, fille de Bernard, comte de Toulouse. Ses deux fils furent bien, l'un Alduin, comte d'Angoulême, et l'autre Guillaume, comte de Périgord et d'Agen ; mais ses petits-fils, Guillaume Taillefer, fils d'Alduin, et Bernard, fils de Guillaume, administraient en commun les deux comtés d'Angoulême et de Périgueux (3), à tel point qu'à la mort de Guillaume Taillefer, en 962 (lequel ne laissa que des bâtards), ce fut Bernard lui-même, puis Arnaud Bouration, le fils de Bernard, et leurs descendants, qui, pendant trente ans, jusque vers 992 ou 995, possédèrent les comtés d'Angoulême et de Périgueux (4). À la mort du dernier seulement, Arnaud Manzer ou Avultron, bâtard de Guillaume Taillefer, reprit malgré son âge avancé le comté d'Angoulême, qu'il laissa peu après (vers 1001 ou 1002) à son fils, le comte Guillaume II ; et Aldebert de la Marche, fils de Boson le Vieux, puis ses frères, issus d'une sœur de Bernard, recueillirent avec l'aide du duc d'Aquitaine le comté de Périgord ; notamment Boson le Jeune, mort empoisonné par sa femme, en

---

(1) *Chronique d'Adémar*, chap. XVII, édition Lair, p. 113.
(2) *Gallia Christiania*, I, Ins. eccl. Ausciensis, col. 170-171.
(3) *Chronique d'Adémar*, liv. III, chap. XXIII.
(4) *Histoire des pontifes et des comtes d'Angoulême*, édition Castaigne, chap. XVIV, p. 23.

1006. Si donc des comtes périgourdins sont intervenus en Saintonge, ce ne peuvent être que les comtes périgourdins d'Angoulême, Bernard et ses descendants directs, mais à titre de possesseurs de l'Angoumois, auquel est intimement liée la Saintonge
méridionale, dès le début du X⁰ siècle. Ajoutons que le monnayage
de Saintes est à cette époque au type angoumoisin, ce qui suppose la suzeraineté directe sur tout le comté de Saintonge de la
part des comtes d'Angoulême.

Conclusion : à l'époque dont parle M. Richard et dont il écrit
l'histoire, une seule influence directe ou indirecte se faisait sentir
dans la plus grande partie de la Saintonge proprement dite, celle
des comtes d'Angoulême. Ils étaient pour le sud de l'évêché ou
comté de Saintes ce que les comtes de Poitou étaient pour le
nord, c'est-à-dire l'Aunis, des maîtres de fait et indiscutés.

III

Il est pour notre pays une troisième question d'ordre général
que M. Richard a traitée aussi à bâtons rompus : c'est celle des
possessions ou de la domination des comtes d'Anjou en Saintonge. Voici d'abord ce qu'il en dit :

« Du reste, Guillaume [le Grand] ne négligea rien pour attirer
à lui son redoutable voisin [Foulques Nerra]. Il lui confirma la
possession de Loudun et de Mirebeau, que Fier-à-Bras avait précédemment donnés en bénéfice à Geoffroy Grisegonelle et où le
comte d'Anjou fit élever d'importantes forteresses, puis plus tard
il lui abandonna au même titre Saintes et plusieurs châteaux en
Saintonge (1). » M. Richard ajoute en note : « *Chron. d'Adémar*,
p. 161. Le texte du chroniqueur est formel et s'accorde avec les
renseignements fournis par les chartes. Foulques, pas plus que
ses héritiers, ne fut pourvu du comté de Saintonge ; la ville de
Saintes et quelques places fortes, *Santonas cum quibusdam cas-
tellis*, lui furent concédées par Guillaume le Grand, ainsi que l'a
très bien reconnu M. Faye, dans son étude intitulée : *De la domination des comtes d'Anjou sur la Saintonge*, où il fait justice des
erreurs accumulées par les anciens historiens de l'Anjou pour
rehausser l'importance de leurs comtes. Aux témoignages que
cet écrivain a fournis nous en ajouterons un nouveau qu'il n'a
pas connu et qui apporte la preuve que les comtes de Poitou
avaient non seulement conservé leurs droits de suzeraineté sur

---

(1) Volume I, chap. X, p. 149.

la Saintonge, mais aussi des domaines considérables dans ce pays : c'est la concession faite, en 1040, à la Trinité de Vendôme par le comte Guillaume le Gros [pour Aigret], dont il sera parlé en son lieu (1). »

— « Enfin, après trois années de captivité, le jour de la délivrance arriva ; à la fin de l'année 1036, Guillaume le Gros, moyennant une rançon énorme, peut-être bien d'un million, fut mis en liberté sans avoir eu toutefois à faire à son geôlier aucune cession de territoire (2). » Et en note : « Nous nous trouvons sur ce point en désaccord avec les vieux historiens angevins, qui prétendent que, pour obtenir sa liberté, Guillaume dut céder la Saintonge à son heureux rival. Ils avancent même que le motif de la guerre déclarée par Geoffroy au comte de Poitou fut la revendication de ce même pays de Saintonge, qui avait appartenu dans le passé à un ancêtre des comtes d'Anjou. Tout ce qu'ils disent n'est que fables, et particulièrement leur création d'un Aimeri, comte de Saintes, qui n'a jamais existé, et dont ils font l'aïeul de Geoffroy Martel. Ce dernier n'avait à adresser au comte de Poitou aucune réclamation sur Saintes, que possédait son père, Foulques Nerra, en vertu de la concession bénéficiaire qui lui en avait été faite par Guillaume le Grand, et dont il avait toute chance d'hériter à la mort de celui-ci. M. Faye a fait justice de ces imaginations dans son intéressante étude intitulée : *De la domination des comtes d'Anjou sur la Saintonge*, sur laquelle nous aurons à revenir par la suite (3). »

— « Du reste, peu après la délivrance de ces actes [constitution de la dotation primitive de la Trinité de Vendôme, le 31 mai 1040], Agnès fit de nouvelles démarches auprès de son fils pour obtenir de lui qu'il confirmât l'ensemble de la donation des biens sur lesquels il avait droit de suzeraineté. Ils consistaient dans l'église de Saint-Georges d'Oléron, les bois de Saint-Aignan et de Colombiers, la moitié des terrains mis en culture dans la forêt de Marennes et les églises construites dans cette forêt, la moitié des cens de sèches en Saintonge, et l'église de Puyravault avec ses dépendances, tous domaines compris dans l'acte primitif. Guillaume y ajouta l'église de Notre-Dame de Surgères et le bois de Flé [pour Flay]. Tous ces biens étaient situés en Saintonge (4). »

---

(1) *Idem*, note 2.
(2) Volume I, chap. X, p. 231 et 232.
(3) *Idem*, note 3.
(4) Volume I, chap. XIII, p. 244.

— « C'est peu après [après 1017], que le comte d'Anjou fit don à l'abbaye de Notre-Dame, qu'il fondait d'accord avec sa femme Agnès, de la monnaie, du monnayage et du change de tout l'évêché de Saintes (1). » Et en note : « L'expression « *episcopatus Xantonensis* » employée par Geoffroy Martel (*Cart. de Notre-Dame de Saintes*, pp. 3 et 70), ne saurait s'appliquer à Saint-Jean d'Angély, dont la monnaie appartenait à Cluny depuis dix ans au moins et qui ne cessa d'être la propriété de ce monastère. Le sens du mot « episcopatus » doit être restreint aux possessions du comte d'Anjou dans l'évêché de Saintes (2). »

— « Lorsqu'il reprit, en 1062, possession du domaine comtal que son père avait jadis aliéné en faveur de Foulques Nerra, Guy-Geoffroy ne ratifia certainement pas toutes les aliénations que les comtes d'Anjou avaient pu faire depuis un demi-siècle environ ; . . . . et, en particulier, l'abbaye de Notre-Dame de Saintes dut renoncer à ce privilège exclusif d'émettre des monnaies en Saintonge, qui faisait partie de la magnifique dotation qui lui avait été constituée par Agnès et Geoffroy Martel en 1017 (3). » Et en note : « Désormais, on voit en effet Guy-Geoffroy disposer de domaines en Saintonge et en gratifier ses fidèles ; ainsi, il donna en fief, « *fiscaliter* », à Pierre de Bridier, son sénéchal, des métayers dans l'île d'Oléron, dont celui-ci se dépouilla plus tard en faveur du monastère de Saint-Nicolas de Poitiers (*Arch. hist. du Poitou*, I, p. 43, *Cart. de Saint-Nicolas*). »

Ainsi, c'est seulement sous Guillaume le Grand que les comtes d'Anjou prennent pied en Saintonge, comme cela a été nettement établi par M. Faye et comme le rappelle avec juste raison M. Richard. Est-il possible de fixer la date approximative des concessions qui leur furent faites ? Personne ne l'a tenté. Pour le Poitou, il est probable qu'il n'y eut pas d'interruption et que Foulques fut simplement confirmé dans les possessions de son père. En ce qui concerne la Saintonge, comme il ne paraît pas que Geoffroy Grisegonelle y ait eu la moindre possession ou jouissance, il s'agit, semble-t-il, de dons personnels faits pour la première fois à Foulques. Cette donation dut avoir lieu assez tard, car pendant longtemps on ne constate l'intervention, ni directe ni indirecte, de Foulques Nerra dans aucun acte relatif à la

---

(1) Volume I, chap. XIV, p. 287.
(2) *Idem*, note 3.
(3) Volume I, chap. XIV, p. 286.

Saintonge. Il se trouve bien à Poitiers, au mois de juillet 1003, et y contresigne la charte de dotation de l'abbaye de Maillezais (1), mais son nom ne figure pas au bas de la donation de Dœuil (canton de Loulay, Charente-Inférieure) à l'abbaye de Saint-Cyprien, dressée en même temps et à titre de compensation (2), Maillezais ayant été, peu après sa fondation et pour un temps subordonné à Saint-Cyprien. Il n'est pas cité non plus parmi les grands seigneurs qui affluèrent à Saint-Jean d'Angély en 1016, lors de la trouvaille de la tête de saint Jean Baptiste (3). Mais quelques années plus tard, lorsqu'une sanglante querelle s'éleva dans le bourg de Saint-Jean d'Angély entre les moines et les gens du duc, il se trouvait en service de cour à Poitiers, à l'époque du carême, et il conseilla au duc de se montrer rigoureux, de chasser les moines et d'y mettre à la place des chanoines (4). C'est la seule fois que nous le voyons intervenir dans les affaires de la Saintonge, avant et en dehors de son conflit avec Arbert, au capitole de Saintes, en 1027. Ce qui permet de supposer que son action en Saintonge ne fut pas bien profonde et limitée sans doute à quelques profits matériels. Il n'en garda pas moins ses possessions saintongeaises jusqu'à une époque voisine de sa mort, arrivée en juin 1040 ; et ce n'est qu'à cette date que son fils, Geoffroy Martel, les recueillit dans sa succession. La transmission se fit d'elle-même, semble-t-il, et sans nouvelle investiture.

Ces possessions, nous l'avons établi plus haut, se réduisaient à Saintes et à quelques châteaux environnants. Elles n'allaient pas, du reste, sans contestations ni conflits, car il est plus que probable que l'incarcération d'Arbert et que l'hostilité sourde des princes dont il est question provenaient de démêlés locaux. Aussi, Foulques Nerra n'éleva-t-il jamais de prétention au gouvernement de la Saintonge, ni à la possession du comté tout entier ; et, en ce qui le concerne, M. Richard a raison à la suite de M. Faye de considérer que l'établissement des Angevins en Saintonge, fut d'abord tout à fait précaire et limité, sans autre base sérieuse que la générosité de Guillaume le Grand.

Mais il en fut tout autrement avec Geoffroy Martel, son fils. Celui-ci, en raison de circonstances extraordinairement favora-

---

(1) *Histoire de La Rochelle*, par Arcère, t. II, p. 663.
(2) *Cartulaire de Saint-Cyprien*, par Rédet, charte 583, p. 310.
(3) *Chronique d'Adémar*, lib. III, chap. LVI.
(4) *Idem*, même chapitre.

bles pour lui, telles que son mariage avec Agnès, veuve de Guillaume le Grand, le 1er janvier 1032 — que sa victoire sur le duc Guillaume le Gros, au Mont-Couer, le 20 septembre 1033, suivie de la capture et de l'emprisonnement de celui-ci pendant trois ans — que l'avènement de l'aîné des fils d'Agnès, Guillaume Aigret, dont il était le parâtre et le tuteur — celui-ci, dis-je, songea réellement à étendre son pouvoir et sa domination sur la Saintonge. Il y réussit en fait, essaya de transmettre le pays à ses héritiers et n'échoua dans son projet que par la défaite à main armée des siens. Cela résulte de toute une série de faits connus.

Dans le préambule de la charte de privilège ou de donation de l'abbaye de Vendôme, le 31 mai 1040 (1), et dans celui de la charte de fondation du monastère de l'Evière à Angers (2), qui suivit de quelques jours (Foulques Nerra étant mort dans l'intervalle), Geoffroy Martel et Agnès, en parlant des biens dont ils disposent, disent qu'ils leur appartiennent, soit par droit d'héritage, soit par acquêts légitimes. Or, les acquêts sont soigneusement notés ; par conséquent, le reste, c'est-à-dire la très grande part des biens donnés en Saintonge : à Saint-Agnant, à Colombiers, à Marennes et dans l'île d'Oléron, ont été recueillis dans l'héritage de Foulques Nerra. Les jeunes comtes de Poitou, fils d'Agnès, assistent comme témoins à ces donations, mais n'interviennent nullement alors comme co-donateurs ou comme confirmateurs ; et s'il existe, comme le souligne spécialement M. Richard, une charte de Guillaume Aigret dressée à titre d'approbation, tout indique que celle-ci, si elle n'a pas été fabriquée plus tard, a été donnée quand la brouille intervint entre les époux et entre Geoffroy Martel et son beau-fils : car il n'est plus question de lui. C'est, du reste, à titre de duc d'Aquitaine, c'est-à-dire de pur suzerain, que Guillaume Aigret aurait agi, ce qui n'est point contradictoire avec les prétentions du comte d'Anjou (3).

En outre, dans cette même charte de fondation de Vendôme, Geoffroy Martel et Agnès donnent aussi la moitié de leur part des cens d'oignons (4) prélevés dans tout le pays de Saintonge

---

(1) *Cartulaire de Vendôme*, par l'abbé Métais, I, charte 35, p. 55.

(2) *Idem*, charte 38, p. 78.

(3) *Cartul. saintongeais de la Trinité de Vendôme*, par l'abbé Métais, charte 16, p. 11. — Nos doutes proviennent de la mention de l'église de Surgères dans cette charte, tandis que les privilèges des Papes de 1061 et de 1063 n'en parlent pas, sans compter de nombreuses inconséquences.

(4) Nous traduisons *sepia, sepiæ, sepiaram*, par oignons, plutôt que par

(*per universum pagum Sanctonicum*), et, sans doute à la même époque, la dîme des peaux de cerfs chassés à courre non seulement dans l'île d'Oléron, mais aussi dans tout le pays de Saintonge, l'Anjou et le Vendômois (1).

Devenu maître de Saintes, Geoffroy Martel trouve le monnayage du pays en souffrance. Depuis dix ans, c'est-à-dire depuis le trouble apporté dans les affaires du Poitou par la défaite et la captivité de Guillaume le Gros, en 1033, on n'y avait pas frappé monnaie. Geoffroy Martel donna un délai de trois ans pour s'exécuter aux détenteurs de la frappe : Francon, châtelain du capitole, et Mascelin, châtelain de Tonnay-Charente, faute de quoi il reprendrait la monnaie à son compte. Ce qu'il fit, du reste, en faisant venir des monnayeurs d'Angoulême (2) ; mais, pour ne pas troubler les habitudes commerciales acquises, la nouvelle monnaie fut frappée, comme auparavant, au type d'Angoulême et de Poitiers. Ce sont là, on en conviendra, des actes de souverain d'un pays, s'il en fût.

Arrive la fondation de l'abbaye de Notre-Dame de Saintes et la dédicace de son église, le 2 novembre 1047. Geoffroy Martel et Agnès la dotent très richement de biens situés à peu près dans les mêmes lieux que ceux qu'ils ont donnés à l'abbaye de Vendôme, et au même titre, c'est-à-dire en possesseurs héréditaires ou en acquéreurs. Ils y ajoutent la monnaie, le monnayage et le change dans tout l'évêché de Saintes (*tocius episcopatus Xanctonensis*), après avoir désintéressé Mascelin, l'un des précédents détenteurs ; et cela doit s'entendre dans le sens le plus étendu, quoi qu'en dise M. Richard, car le mot *tocius* ne s'expliquerait pas autrement (3).

---

sèches, dont la pêche n'a jamais constitué un article important, tandis que la culture de l'oignon se fait encore en grand sur nos côtes. Les *sepix* étaient considérés comme un régal, d'après ce que l'on peut conclure d'un passage de Nécrologe relatif à Saint-Jean d'Angély, où il est dit que l'abbé Henri, mort en 1131, légua : *septuaginta sepia ad refectionem fratrum de conventa*, pour le jour de son anniversaire (*Gallia*, II, col. 1101).

D'autre part, Hugues de Surgères donne sur le fief de Marans c. sepias, livrables au commencement du Carême, aux moines de Vendôme qui occupent l'église de Sainte-Marie de Surgères, entre 1063 et 1097. (*Cart. saint. de la Trinité de Vendôme*, charte 11, p. 75).

La soupe à l'oignon nous paraît plus conforme aux goûts des moines que la friture indigeste de sèches.

(1) *Idem*, charte 19, p. 18 et 19.

(2) *Cartulaire de Notre-Dame de Saintes*, par l'abbé Grasilier, charte 77, p. 70.

(3) *Idem*, charte 1, p. 1.

Enfin, ce qu'il y a de plus significatif, c'est la présence à cette solennité de tous les princes châtelains de Saintonge et d'Aunis sans exception, constituant la plus brillante cour qui soit mentionnée en Aquitaine, au XIe siècle. Là se trouvent Hélie de Chalais comme Eble de Châtelaillon, Guillaume de Matha comme Gombaud de Mornac, sans compter le comte Geoffroy d'Angoulême et quatre de ses fils, en tout trente à trente-cinq seigneurs de la plus haute marque. Ce fut le triomphe de Geoffroy Martel et la reconnaissance de la mainmise par lui sur toute la Saintonge. Je veux bien que sa qualité de mari d'Agnès, duchesse douairière d'Aquitaine, et de protecteur des jeunes ducs, soit pour quelque chose dans l'affluence qui se pressa autour de lui. Néanmoins, en fondant ce monastère, il agit en souverain, ainsi que sa femme. Il se passe de la confirmation du duc d'Aquitaine, bien qu'il fût présent, et le premier pape, Léon IX, qui en 1049 approuve la fondation, ne connaît et ne vise que le comte et la comtesse d'Anjou (1).

Nous savons, en outre, qu'il avait institué en Saintonge une cour de justice (*curia comitis Gosfridi*), composée de quatre juges, Francon du Capitole, Angibaud de Broue, Jean Rousseau et Benoît de Pons, où l'on jugeait en son nom (*qui tunc temporis in Sanctonico jussu Goffridi judicabant*) ; que ce tribunal, à l'instar des envoyés des temps carlovingiens, se transportait sur place, et qu'il rendit à Saint-Agnant un jugement en faveur de l'abbaye de Vendôme au sujet des moulins de Riollet ou Viollet (? *Roillatu*), sis dans l'alleu du monastère (2) ; qu'il avait un procureur, Geoffroy de Pons, pour administrer ses possessions de Saintonge (3) ; qu'il détenait et jouissait de la châtellenie de Pons (*nec etiam cum Gaufridus Martellus, Andegavorum comes, predictum tenuisset castellum*) (4) ; qu'il a dominé, enfin, tout le pays de Saintonge (*tempore quo comes Gaufredus Santonicæ patriæ præsidebat*) (5). Cela est dit, on le voit, en termes formels, et approuvé par les témoignages les plus autorisés, ceux des abbés de Saint-Jean d'Angély, de Saint-Maixent, de Saint-Florent de Saumur et du duc Gui-Geoffroy lui-même (6). Nous avons

---

(1) *Idem*, charte, p. 8.

(2) *Cartul. saintongeais de Vendôme*, par l'abbé Métais, charte 35, p. 61.

(3) *Cartul. de Notre-Dame de Saintes*, charte 109, p. 90 et 91.

(4) *Chartes saintongeaises de Saint-Florent de Saumur*, par Marchegay, in *Arch. hist., Saint. et Aunis*, t. IV, charte 7, p. 39.

(5) *Cartul. de Saint-Jean d'Angély*, par Musset, I, charte 262, p. 322.

(6) *Loc. cit.*

encore un autre témoignage écrit de la domination complète de Geoffroy Martel en Saintonge : c'est le récit fait à la fin du XI° siècle, par un moine de l'abbaye de Saint-Cybard d'Angoulême, de la translation des reliques de saint Eutrope dans la nouvelle crypte bâtie par les moines de Cluny, vers 1096. Il dit textuellement : « *Tempore quo urbs et provincia Xantonensis principibus Andegavensium subjecta erat, comitem ipsorum Gaufridum scilicet, etc.* » (1).

La dernière année de sa vie, en 1060, Geoffroy Martell se sentant malade et incapable de tenir campagne eut recours à l'un de ses neveux, Foulques le Réchin, fils de sa sœur Ermengarde et de Geoffroy de Châteaulandon. Le jour de la Pentecôte, à Angers, il le fit chevalier, à l'âge de 17 ans, et lui donna à garder la Saintonge et la ville de Saintes (*Santonicum pagum cum ipsa civitate*), où il était en guerre ouverte avec Pierre de Didonne (2). Le tout jeune chevalier partit immédiatement pour la Saintonge, et sa présence à Saintes est constatée par une charte de l'abbaye de Notre-Dame, où on le voit présider un conseil des grands du pays et de la ville, composé de Francon du Capitole et de son frère Maqueau ; de Jean, frère d'Ostent de Taillebourg, et d'autres fidèles du diocèse (3). Entre temps, Geoffroy Martel mourut, le 14 novembre, au monastère de Saint-Nicolas d'Angers, où la veille il avait pris l'habit de moine. Ses états furent partagés entre ses deux neveux, Foulques le Réchin et Geoffroy le Barbu. La Saintonge fut définitivement attribuée au premier avec l'Anjou, tandis que la Touraine et la Gastine revinrent au second (4). Ce partage est la preuve évidente que la Saintonge était dès lors considérée comme un domaine propre et héréditaire dans la famille des comtes d'Anjou.

A ce moment-là, le duc d'Aquitaine, Guy-Geoffroy, se trouvait dans le Midi, où il guerroyait contre le comte de Toulouse. Il en revint au commencement de l'année suivante, et essaya en passant de s'emparer de Saintes par un coup de main ; mais il échoua (5). Il fut ensuite vaincu en bataille rangée, le 21 mars 1061, à Chef-Boutonne, ce qui fit que les Angevins restèrent mai-

---

(1) *Notice sur le prieuré de Saint-Eutrope*, par dom Estiennot, in Biblioth. nat., mss. n° 12.751. *Preuves*.

(2) Marchegay et Salmon, *Chroniques des comtes d'Anjou*, p. 379.

(3) *Cartul. de Notre-Dame de Saintes*, par l'abbé Grasilier, charte 40, p. 27.

(4) Marchegay et Salmon, *Chroniques des comtes d'Anjou*, p. 333.

(5) *Histoire des comtes de Poitou*, par Richard, I, p. 283.

tres et possesseurs de la ville de Saintes et de la Saintonge. La discorde ayant éclaté entre Foulques le Réchin et Geoffroy le Barbu, Gui-Geoffroy revint à la charge en 1062, assiégea méthodiquement cette fois la ville de Saintes et l'enleva d'assaut après la plus vive résistance. C'est que la population s'en était elle-même mêlée et qu'elle tenait au fond pour les comtes d'Anjou, qui avaient fini par identifier ses intérêts aux leurs, en faisant revivre l'indépendance du pays vis-à-vis du Poitou et en constituant en quelque sorte à la Saintonge une individualité sinon une nationalité depuis longtemps disparue.

La prise de Saintes, dans le courant de l'année 1062, fut la fin de la domination des comtes d'Anjou, et la Saintonge proprement dite, reconquise par les armes, rentra désormais dans le gouvernement direct des comtes de Poitou, sauf, cependant, la Saintonge du sud, qui resta, comme auparavant et pendant fort longtemps, sous la main des comtes d'Angoulême. En effet, les Poitevins ayant envahi, entre 1070 et 1075, le territoire du comte Foulques, celui-ci les pourchassa avec vigueur et les refoula jusqu'à Cognac, en leur faisant de nombreux prisonniers. De plus, le duc d'Aquitaine ayant mis le siège devant Mortagne, au pays de Saintonge, et étant sur le point d'enlever le château, Foulques accourut et l'obligea à se retirer (1). Ce que Guy-Geoffroy reprit aux Angevins, en somme, ce furent, à proprement parler, les possessions limitées que Guillaume le Grand avait aliénées autrefois en faveur de Foulques Nerra, c'est-à-dire Saintes et sa banlieue, Pons, Marennes et l'île d'Oléron. Pas plus dans le cours du XI° siècle qu'antérieurement, on ne voit le comte de Poitou intervenir sur d'autres points de la Saintonge proprement dite. Ce qu'il supprima définitivement ce furent aussi les prétentions diverses de reconstituer à son détriment un comté de Saintonge indépendant, ce que Geoffroy Martel avait réussi à réaliser pour quelque temps.

En résumé, la question des possessions et de la domination des comtes d'Anjou en Saintonge ne se réduit pas à une simple discussion sur l'origine et la légitimité de leurs droits, comme seraient tentés de l'admettre les lecteurs de M. Richard, lequel s'en réfère surtout à l'intéressant mémoire de M. Faye. Elle a plus d'ampleur que cela, et M. Faye lui-même avait bien pris

---

(1) *Historia pontificum et comitam Engolism.*, édition Castaigne, chap. **XXXI**, p. 36.

soin de dire qu'il se bornait à examiner l'origine et la nature de
ces droits (1). De simples bénéficiaires de Saintes et de quelques
châteaux voisins qu'ils étaient d'abord, vers l'an 1020, avec Foulques Nerra (l'Aunis et les trois quarts, on peut dire, de la Saintonge proprement dite échappant totalement à leur influence),
les comtes d'Anjou arrivent, vers 1040, avec Geoffroy Martel, à
étendre leur pouvoir et leur administration à tout l'évêché de
Saintes, Aunis compris. Ils y fondent en toute souveraineté une
puissante abbaye, au vu et au su de tous les grands seigneurs
du pays et en présence des comtes voisins les plus intéressés.
Personne n'élève la moindre objection, ni réclame la moindre
suzeraineté. Les papes eux-mêmes en donnant leur approbation,
ne reconnaissent comme fondateurs que le comte et la comtesse
d'Anjou. Finalement, en 1060, ils disposent du pays de Saintonge comme d'un héritage légitime. La victoire de Chef-Boutonne, en 1061, consacre d'abord au profit des comtes angevins
le testament de leur oncle ; et la conquête seule de Saintes, en
1062, leur arrache cette Saintonge, vers laquelle ils avaient les
yeux tournés depuis quarante ans.

Cette question, on le voit, méritait d'être traitée autrement
que par quelques aperçus ou notes dispersées au bas des pages.
Nous renvoyer pour plus ample informé au mémoire tout spécial et si limité de M. Faye n'est pas très flatteur ; et, pour dire
toute notre pensée, nous attendions mieux de M. Richard sur ce
point important de notre histoire locale.

IV

Le second volume de M. Richard se rapporte aux trois derniers quarts du XII° siècle et est entièrement consacré à Aliénor
d'Aquitaine ; à son père Guillaume VIII, dit le Toulousain ; à ses
deux maris, Louis le Jeune, roi de France, et Henri Plantagenet,
roi d'Angleterre ; enfin, à ses enfants, Richard Cœur de Lion et
Jean Sans-Terre. C'est la partie la moins originale de l'histoire
du Poitou et de l'Aquitaine, désormais confondue avec l'histoire

---

(1) *De la domination des comtes d'Anjou sur la Saintonge*, par Léon Faye,
in *Revue de l'Anjou*, 1898, et tirage à part, p. 1.

générale de la France. La captivante personnalité d'Aliénor occupe encore la scène du monde occidental, mais en second rôle. Elle passe d'une cour à l'autre, de Paris à Londres, avec de fugitifs séjours à Poitiers. Son pays d'origine s'efface peu à peu pour elle et les autres, et le théâtre des événements dominants est ailleurs. Le Poitou et l'Aquitaine sont tombés en quenouille. C'est pour toujours la fin de l'indépendance matérielle et morale. Si Aliénor eût été changée en garçon à sa naissance par quelque Mélusine patriote et prévoyante, qui sait ce qui serait arrivé, dans sa longue existence de soixante-quatre ans de souveraineté !

Pour ne pas dépasser la mesure qui convient à cet examen des faits relatifs à la Saintonge, qui se rencontrent maintenant presque à chaque page, nous n'en retiendrons plus que deux, qui se rapportent, l'un aux de Rancon, seigneurs de Taillebourg, et l'autre à l'abbaye de Saint-Jean d'Angély ; ils sont traités, le premier au début et le second à la fin du volume, en additions.

Un personnage très remuant et très répandu dans les cours d'Anjou, de Normandie et de Poitou, dans la seconde moitié du XIe siècle (1050-1100), fut Robert de Nevers ou de Sablé, quatrième fils de Renaud, comte de Nevers, et d'Adèle de France, plus connu sous le nom de Robert le Bourguignon. Petit neveu d'Agnès de Bourgogne, il fut, selon Ménage, élevé auprès d'elle, à la cour de Poitiers et à celle d'Angers (1). Après avoir circulé en tous lieux, il alla mourir en Terre-Sainte, vers 1098, avec la première croisade, laissant entre autres descendants : un fils, Renaud de Craon, dit parfois le Bourguignon ; un autre fils cadet, Robert de Sablé, appelé Vestrol, et parfois aussi le Bourguignon ; plus un petit-fils, fils cadet de Renaud, appelé lui, d'une façon constante, Robert le Bourguignon, comme son grand-père (2). C'est ce dernier, dont tout le monde a fait jusqu'ici un grand maître des Templiers, qui nous intéresse, parce qu'avant son départ pour l'Orient, il aurait joué un rôle actif en Aquitaine, comme compagnon d'armes et fidèle de Wulgrin II, comte d'Angoulême.

---

(1) *Loc. cit.*, chap. X, p. 70.
(2) *Histoire de Sablé*, par Ménage, Paris, 1683, passim. — *La maison de Craon*, par B. de Broussillon, Paris, 1893, passim.

« Wulgrin et son ami Robert le Bourguignon, continuant à agir ensemble, reprirent à Guillaume [VIII, duc d'Aquitaine], les châteaux de Chabannais et de Confolens, dont son père, Guillaume VII, s'était précédemment emparé sur Jourdain Eschivat. On se rappelle (1) que Robert le Bourguignon devait épouser la fille de Jourdain, mais, on ne sait pour quel motif, il renonça à cette union et partit pour la Terre-Sainte, où il devint, en 1035, grand maître des Templiers. Sur le conseil de Wulgrin, il abandonna sa future femme et la terre de celle-ci à Guillaume de Matha, frère de Robert, seigneur de Montbron, ce que voyant, le comte de Poitou pensa récupérer les deux châteaux » (2). Ceci se passait après 1120, puisque cette année-là, Wulgrin Taillefer, comte d'Angoulême, et Robert le Bourguignon se trouvaient à Poitiers, aux côtés du duc, lorsqu'il prit possession de son gouvernement (3).

Pour ce qui est de l'origine de ce Robert-là, dit le Bourguignon, M. Richard le fait, lui aussi, fils de Renaud de Craon (4). Mais pour les autres qu'il cite, il estime que ce n'est pas le premier de tous, Robert le Bourguignon le fils du comte de Nevers marié avec Avoise de Sablé, qui joua un rôle à la cour de Poitiers et figura dans les plaids de justice du duc Guy-Geoffroy ; mais son troisième fils, Robert (5), dit parfois le Bourguignon et plus souvent Vestrol, sobriquet qui lui est particulier. Il est vrai qu'à la table des noms il ne fait pas cette distinction, et rapporte tous les Robert le Bourguignon qui comparaissent en Poitou, de 1080 à 1092, au fils de Renaud de Nevers. Sa première opinion ne paraît pas fondée, car Robert Vestrol, qui joua un rôle secondaire et effacé en Anjou, n'est jamais indiqué avec son véritable sobriquet dans les titres relatifs au Poitou ; et ce qu'ont dit de lui, Ménage d'abord et M. de Broussillon ensuite (6), ne le confirme point, au contraire ; tandis que son père, élevé avec son cousin Guy-Geoffroy, avait toutes raisons de revenir auprès de lui.

<hr>

(1) Volume I, chap. XV, *Guillaume le Jeune*, p. 492.
(2) Volume II, chap. XVI, *Guillaume le Toulousain*, p. 7.
(3) *Idem*, p. 2.
(4) Volume II, Table générale des noms de personnes et de lieux, p. 580.
(5) Volume I, p. 379.
(6) *Loc. cit.*

Cependant, ce Robert le Bourguignon-là n'est pas celui qu'on pense, c'est-à-dire un angevin transplanté en Aquitaine. C'est le frère le plus jeune d'Aimeri et de Geoffroy de Rancon, fils comme eux d'autre Aimeri de Rancon et de Bourguignonne, dont il avait reçu son surnom. Robert de Rancon comparaît avec ses frères et sa mère dans toute une série de titres de l'époque, tantôt sous le nom de Robert tout court (1), tantôt sous celui de Robert le Bourguignon (2). Parfois aussi, il prend le nom de Robert de Rancon, comme dans le titre de l'église de Saint-Vivien de Saintes, rapporté par Besly (3) et cité par M. Richard lui-même (4), sans soupçonner qu'il avait affaire au même personnage.

Ainsi s'éclaire le passage un peu confus et s'expliquent quelques mots altérés de l'Histoire des pontifes et comtes d'Angoulème, restés jusqu'ici incompréhensibles : *Roberto Burgundio..., et Rancone* (5). La partie pointillée et corrompue du membre de phrase était lue avec doute *Amuria* ou *Anuria* par les divers éditeurs (6), ce qui n'avait aucun sens. Nous remplaçons cette ancienne lecture par la suivante : *Roberto, Burgundio* [A MATRE], *et Rancone*, qui comprend dans sa partie restituée le même nombre de lettres, qui conserve les deux premières, plus la quatrième, qui rend sa raison d'être au mot *et* (aussi) et à l'ablatif *Rancone*, et qui donne un sens naturel qui lui manquait au passage tout entier. M. Castaigne avait supposé qu'il pouvait s'agir d'Aimeri de Rancon (7). Et M. Richard d'y voir sans hésitation un second personnage de ce nom, inscrit après Robert le Bourguignon (8). C'est par de pareils procédés, un auteur renchéris

----

(1) *Cartul. de Saint-Cyprien*, par Rédet, charte 355, p. 219. — *Monast. de Montazai*, dans dom Fonteneau, t. XVIII, p. 271, et *Mém. Soc. Antiq. Ouest*, t. XX, 1853. — *Abbaye de La Grenetière*. Bulle du pape Luce II en faveur de l'abbaye de Pontdouce, dans dom Fonteneau, t. IX, p. 93. — *Cartul. de Saint-Amand de Boixe*, in Arch. Charente.

(2) *Premier cartul. de l'Absie*, in Arch. hist., Poitou, t. XXV, p. 43. — *Cartul. de Saint-Cybard*, aux Archives départ., de la Charente, AAA, fᵒˢ 420 vᵒ et 421 vᵒ. Communication de M. de La Martinière, archiviste.

(3) *Histoire des comtes de Poitou*. Preuves, p. 468.

(4) Volume II, p. 6.

(5) *Hist. pontif. et comitum engolism.*, édition Castaigne, p. 46.

(6) Labbe, *Nova bibliotheca*, t. II, p. 260. — *Hist. de France*, t. XII, p. 395. En note : *Locus hic valde corruptus, quem sanare aliunde non licet.*

(7) *Forsan Aimerico de Rancone*, dit-il, *loc. cit.*

(8) Volume I, p. 492.

sant sur l'autre, que s'accréditent les légendes et les erreurs historiques.

Ainsi s'évanouit également l'idée d'identifier ce Robert le Bourguignon avec le fils de Renaud de Craon, puisque parmi les fidèles mêmes du comté de Wulgrin et dans la maison de Rancon, en possession depuis un siècle de l'important château de Marcillac, se trouve un autre Robert le Bourguignon, tout aussi authentique. Pas besoin d'en faire venir un autre de si loin. Ce serait désormais contraire à un texte rectifié et remis en concordance avec ce que nous savons de par ailleurs.

Pourquoi Robert de Rancon portait-il le surnom de Bourguignon, si particulier aux seigneurs de Craon et de Sablé, et dont il semblait être l'apanage exclusif ? Tout simplement parce que Bourguignonne, sa mère, femme d'Aimeri de Rancon, était fille du premier Robert le Bourguignon et sœur de Renaud de Craon, et parce qu'il avait pris comme son cousin-germain le nom de leur grand-père commun. Aucun texte, il est vrai, n'établit cette parenté. Mais elle se déduit suffisamment de certaines circonstances significatives.

D'abord, si le fils aîné d'Aimeri et de Bourguignonne s'appelle Aimeri, comme c'était de règle à cette époque, le second s'appelle Geoffroy, prénom qui apparaît pour la première fois dans la maison de Rancon, où un cadet recevait depuis un siècle le nom d'Ostent. Ce nom de Geoffroy provient évidemment de la famille de la mère et du principal prénom de cette famille, comme il était alors de règle également. Or, c'est justement le prénom porté par le chef de la maison dans laquelle Robert de Nevers, surnommé le Bourguignon en raison de sa provenance, était entré par son mariage avec Avoise de Sablé (1). Avant Renaud, son successeur à Craon, et Robert, son successeur à Sablé, Robert le Bourguignon lui-même avait eu un autre fils, nommé Geoffroy (2), qui ne lui succéda pas. Le troisième fils d'Aimeri et de Bourguignonne reçut le nom de Robert, inconnu aussi jusque-là chez les de Rancon et assez rare alors dans les familles princières d'Aquitaine. C'était sans doute à cause de la notoriété de son grand-père maternel, ainsi que nous l'admet-

---

(1) Ménage, *loc. cit.*, chap. X, 70.
(2) *Maison de Craon*, par Bertrand de Broussillon, I, p. 49 et 50 ; II, p. 363.

tons. Et pour mieux accentuer encore cet acte de déférence et d'intérêt, on y joignit aussi plus tard le surnom que la mère elle-même portait.

Il serait bien extraordinaire que le hasard pur ait fait que les deux fils cadets d'Aimeri de Rancon, au détriment de prénoms héréditaires du côté paternel, aient reçu tous les deux à la fois les prénoms propres et surtout le surnom si spécial d'une maison angevine. Le fait, au contraire, devient tout naturel, s'il est la conséquence d'un brillant mariage. A qui Aimeri de Rancon pouvait-il s'allier dans une condition supérieure à la sienne, sinon à la fille d'une première notabilité du moment, comme l'était Robert de Nevers, dit le Bourguignon, parent du duc d'Aquitaine et du roi de France ?

D'autre part, nous savons qu'en 1086, Robert le Bourguignon, qui fréquentait alors en fidèle la cour de Guy-Geoffroy, duc d'Aquitaine, possédait la huitième partie d'une écluse à poissons, située sur la Sèvre, entre Damvix (*villa Celesium*) et le port de Maillé (1). En 1108, cette même huitième part est aux mains du seigneur de Benet (*dominus Bennaciaci*) (2). Or, à cette même époque, vers 1120, les seigneurs de Benet sont Aimeri et Geoffroy de Rancon, les fils de Bourguignonne (3). Il est plus que probable qu'il s'agit là d'un héritage de famille, et que Robert le Bourguignon avait laissé le château de Benet à sa fille et à son gendre, Aimeri de Rancon, et que c'est ainsi qu'il échut à leurs enfants.

Quoi qu'il en soit, maintenant que nous connaissons certainement deux Robert, portant le surnom de Bourguignon et vivant en même temps, l'un angevin et l'autre saintongeais ou angoumoisin, quel est celui qui devint grand maître des Templiers ? Ménage, qui n'en connaissait qu'un, le fils de Renaud de Craon, avait conclu naturellement en sa faveur (1), et il a été suivi avec un ensemble complet. Bien plus, ce qu'il avait énoncé avec réserve, à la suite de Du Chesne, c'est-à-dire le rôle préalable joué en Aquitaine auprès du comte d'Angoulême par son jeune héros, était devenu depuis une donnée positive. Néanmoins, il

---

(1) *Cartul. de Saint-Maixent*, par A. Richard, charte 159, I, p. 192.
(2) *Idem*, charte 225, I, p. 252.
(3) *Cartul. de Montierneuf*, dans dom Fonteneau, t. XIX, p. 161. — *Cartul. de l'Absie*, in Arch. hist. de Poitou, t. XXV, p. 35 et 36.
(4) *Histoire de Sablé*, liv. III, chap. XIII, p. 79.

planait une ombre sur cette origine. Robert le Bourguignon, le second grand maître du Temple, était dit aquitain (*nobilis carne et moribus, dominus Robertus, cognomine Burgundio, natione Aquitanicus*) (1), ce qui convenait à peine au fils de Renaud de Craon, né au duché de France ou de Gaule, comme on disait alors (2).

Pour nous, le grand maître du Temple connu sous le nom de Robert le Bourguignon était de préférence Robert de Rancon, dit le Bourguignon, l'ami du comte Wulgrin et le mari manqué de l'héritière de Chabanais et de Confolens. Cela résulte d'abord de sa qualité incontestable de noble aquitain ; puis de sa disparition du pays, vers 1136, quand Raymond, frère du comte de Poitiers, partit pour Antioche avec de nombreux chevaliers aquitains (3) ; enfin de l'accueil que Louis VII et Geoffroy de Rancon, son frère, reçurent de lui en Orient, lors de la seconde croisade, en 1148. Ce dernier fut même chargé par le roi de lui payer une somme de trois mille sous en monnaie poitevine (4). En sa situation de dernier cadet de famille, il aura préféré les aventures plus piquantes d'une carrière mouvementée dans le Levant aux luttes plus banales d'un simple châtelain d'Aquitaine, celui-ci dût-il être prince de Chabanais et marcher de pair avec ses aînés. Il mourut le jour des ides, 13 janvier 1149 (5), après avoir assisté, en mai 1148, à l'assemblée générale des princes croisés et s'être joint à l'armée de Louis VII (6).

Nous ne laisserons pas ces de Rancon, princes de Taillebourg en Saintonge et de Marcillac en Angoumois, sans faire remarquer combien M. Richard en prend à son aise avec eux. La première fois qu'un Geoffroy de Rancon se présente sous sa plume, c'est en 1122, à propos de l'asile donné par lui à Vouvant au seigneur de Parthenay et à sa mère, pourchassés par le duc d'Aquitaine (7). Il le suit à la croisade, en 1147, et admet qu'il s'agit en-

---

(1) Guillaume de Tyr, liv. XV, chap. VI.

(2) *Étude sur le règne de Robert le Pieux*, par Pfister, p. 131 et 132.

(3) A. Richard, vol. II, p. 46.

(4) Guillaume de Tyr, liv. XV, chap. VI et liv. XVII, chap. I. — *Lettres de Suger*, in *Hist. de France*, t. XV, p. 499 à 507.

(5) *Mélanges historiques*, Choix de documents, publiés par le Ministère de l'Instruction publique, t. IV. Paris, 1892.

(6) Guillaume de Tyr, *loc. cit.*

(7) Volume I, p. 490.

Richard   4

core du même en 1173, lors du soulèvement de la Saintonge en faveur d'Aliénor contre Henri, roi d'Angleterre, son mari (1), et en 1178, lors du siège et du sac de Taillebourg par son fils Richard (2). Il dit même à ce propos que « l'ancien confident d'Aliénor, grâce à sa haute faveur, avait considérablement accru ses richesses, [et] avait pris une part active au soulèvement de 1173 ». Enfin, il ne le fait mourir qu'en 1194, au moment où Richard allait à nouveau s'emparer de ses forteresses, Taillebourg et Marcillac (3). Tout cela le rendrait fort vieux et lui donnerait plus de 70 ans de vie active et batailleuse, ce qui dépasse du double la moyenne des barons de l'époque.

M. Sénemaud, dans sa notice sur la principauté de Marcillac, avait dit, au contraire, que Geoffroy de Rancon, qui commandait les croisés poitevins, en 1147, était mort après son retour en France, en laissant un successeur, nommé aussi Geoffroy, qui fut toute sa vie l'ennemi des Anglais (4). C'est ce dernier qui paraît avoir raison, et si un Geoffroy de Rancon mourut en 1194, ce ne peut être que le fils, l'ennemi des Anglais, bien payé pour l'être. Néanmoins, aucun document jusqu'ici ne peut nous fixer sur l'époque de la mort du premier Geoffroy de Rancon, lequel dut s'éteindre entre 1150 et 1155.

V

Quand eut lieu, au juste, la découverte du chef de saint Jean-Baptiste à Saint-Jean d'Angély ? C'est un point d'histoire resté jusqu'ici indécis, car la *Chronique* d'Adémar de Chabannes, qui relate le plus au long les circonstances de cette invention, emploie dans ses diverses rédactions une expression vague pour en désigner l'époque. En ce temps-là (*temporibus ipsis, per hos dies*), dit-elle, Dieu daigna illustrer le règne (*tempora*) du duc

---

(1) *Volume II, p. 173.*
(2) *Idem,* p. 197.
(3) *Idem,* p. 293.
(4) *Notice hist. sur la principauté de Marcillac,* par Ed. Sénemaud, 1862, p. 28.

Guillaume (1). Les autres chroniqueurs qui en ont parlé en passant ne précisent pas davantage : ces jours-là (*illis diebus*), dit Pierre de Maillezais (2) ; à une certaine époque, du vivant du duc d'Aquitaine Guillaume le Grand (*quodam tempore, vivente Magno Guillelmo Duce Aquitaniæ*), dit l'auteur anonyme de la *Vie de saint Léonard* (3). Seule, une vieille chronique manuscrite et anonyme, citée par Besly, est plus explicite : en l'an du Seigneur 1010, du temps du duc Guillaume d'Aquitaine, la tête de saint Jean-Baptiste fut trouvée dans la basilique d'Angéry par l'abbé Audouin, au mois d'octobre (4).

Aussi, les plus récents éditeurs de la *Chronique* d'Adémar ont-ils émis des doutes. Waitz avait dit en note : l'an 1010, que l'on admet généralement, me paraît fausse (5). M. Chavanon reproduit la date de 1010 sans discussion (6). Quant à M. Lair, il se contente de rappeler l'opinion de ses devanciers et d'ajouter que ce fut certainement avant 1020, date de la mort de l'évêque Guiraud [pour Géraud] de Limoges, qui assista aux fêtes données à cette occasion (7) ; ce qui n'est pas valable, puisque cet évêque mourut quelques années plus tard (8).

M. Richard, de son côté, ne pouvant vérifier la chronique innommée publiée par Besly, dont le texte n'a pas été retrouvé, et mis en méfiance par l'indication du mois d'octobre, tandis qu'il est avéré que cette découverte eut lieu pendant le séjour du duc Guillaume à Rome, en temps de carême, s'est demandé s'il n'était pas possible de fixer une date plus convenable. Après avoir longuement cherché à quelle année pouvaient s'appliquer les indications fournies par les textes que l'on possède, il s'est arrêté à l'année 1011. Voici ses motifs :

L'évêque de Limoges, Géraud, et beaucoup de Limousins vinrent à Saint-Jean d'Angély avec les reliques de saint Martial. Ce voyage s'effectua pendant le temps que le chef fut exposé sur l'ordre du duc Guillaume à l'adoration des fidèles, c'est-à-dire peu de temps, semble-t-il, après sa découverte. Or, l'évêque Au-

---

(1) *Chronique* d'Adémar de Chabannes, liv. III, chap. LVI ; édition Lair, p. 211-216.

(2) Liv. II, chap. IV, in Besly, *Hist. des comtes de Poitou*. Preuves. p. 323.

(3) Besly, *idem*, p. 325.

(4) Besly, *idem*, p. 325.

(5) Pertz, *Scriptores*, t. IV, p. 117.

(6) *Chronique d'Adémar*, édit., Chavanon, p. 179.

(7) *Loc. cit.*, p. 211, note 2.

(8) Voir ci-après.

douin, prédécesseur de Géraud, n'est mort que le 23 juin 1014, et Géraud lui-même ne fut élu et installé qu'au mois de novembre suivant, le jour de la fête de saint Théodore, c'est-à-dire le 9 novembre. Par conséquent, ce n'est qu'en octobre 1015, au plus tôt, qu'il put venir comme évêque au pèlerinage de Saint-Jean d'Angély. Cela résulte pour M. Richard de divers textes combinés: charte de Noaillé du 30 septembre 1028 (1), inscription tumulaire de Géraud (2), chroniques d'Adémar de Chabannes (3), de Bernard Itier (4), et de Maleu (5). D'autre part, Adémar de Chabannes rapporte qu'au retour de sa visite à Saint-Jean d'Angély, le roi Robert rentra à Orléans après avoir été magnifiquement reçu par le comte de Poitou (6). Or, il est établi, dit-il, que Robert fit un long séjour à Orléans dans le courant de novembre 1014 (7). — Conclusion naturelle: il est donc fort probable que le roi de France vint à Saint-Jean d'Angély au mois d'octobre 1014, un an avant l'évêque de Limoges. La découverte du chef de saint Jean-Baptiste ayant été faite pendant le carême, M. Richard estime, *quelque hypothétiques que ces calculs semblent être*, dit-il, que ce fut au carême de 1014, l'année même de la venue du roi Robert, [c'est-à-dire autour du 1er avril, puisque cette année-là, Pâques tomba le 25 de ce mois] (8). — M. Faye était, du reste, déjà arrivé à un résultat analogue, en s'appuyant sur les mêmes documents, dès 1850. Mais avec Besly et Maichin, il préférait la date de 1018 (9).

Les deux éléments principaux sur lesquels M. Richard base son opinion sont, l'un inexact, et l'autre à peu près illusoire.

En effet, Géraud, évêque de Limoges, n'est pas mort, comme il le prétend (10), le 11 novembre 1022, mais bien le 11 novembre 1023, puisqu'il se trouvait, ou tout au moins vivait encore, le 6 août précédent, lors de l'entrevue qui eut lieu cette année-là entre le roi Robert et l'empereur Henri, à Mouzon, sur les bords de la Meuse, et où fut donnée une charte relative à l'église de

---

(1) Archives de la Vienne, origin. Noaillé, n° 86.

(2) *Bull. Soc. antiq. Ouest*, 1re série, t. VI, p. 169.

(3) Liv. III, chap. XXXXIV, édition Chavanon, p. 172.

(4) *Chroniques de Saint-Martial*, par Duplès-Agier, p. 46.

(5) *Chronique de Maleu*, par l'abbé Arbellot, p. 31.

(6) *Loc. cit.*, édition Lair, p. 213 et 214.

(7) *Etudes sur le règne de Robert le Pieux*, par Pfister, p. 71.

(8) *Gallia*, I, à la suite du Glossaire.

(9) *Bull. Soc. Antiq. Ouest*, loc. cit., p. 117.

(10) Volume I, p. 179.

Limoges (1). C'est, du reste, la date de 1023, que donnent pour la mort de cet évêque la *Chronique de B. Itier* (2), et les *Annales de Limoges* (3). Isolée ainsi, la *Chronique de Maleu*, qui donne 1022 (4), ne peut prévaloir contre un document formel de l'époque. Or, comme la *Chronique d'Adémar* (5) et l'épitaphe de son tombeau trouvé à Charroux (6), s'accordent à dire qu'il siégea huit ans, ce n'est qu'au mois de novembre 1015, le mardi 9, jour de la Saint-Théodore (7), qu'il devint évêque, et qu'au mois d'octobre 1016, *au plus tôt*, qu'il put venir en pèlerinage à Saint-Jean d'Angély avec les Limousins. Voilà qui recule d'un an le décompte de M. Richard à son sujet.

Que le prédécesseur de Géraud soit mort en 1014, comme l'indique la *Chronique de Maleu* (8), et aussi la *Chronique de B. Itier* (9), cela n'infirme en rien la date de son élection, ni surtout la date de sa mort après huit ans d'épiscopat, car avant lui le siège de Limoges a bien pu rester plus d'un an vacant. Cette longue vacance est d'autant plus probable, qu'il y avait des difficultés sérieuses à la nomination de Géraud. D'abord lui-même était un grand seigneur laïque, et, malgré l'intervention directe du duc Guillaume, les évêques hésitèrent beaucoup à lui conférer les grades ecclésiastiques (10). Puis, l'archevêque de Bourges, Gauzlin, métropolitain de Limoges, n'était pas en mesure de le consacrer, parce qu'il n'avait pas encore réussi à prendre possession de son archevêché, bien que nommé depuis l'an 1013 ; ce qui obligea finalement le duc Guillaume à faire intervenir Seguin, archevêque de Bordeaux. Pour sauver les apparences, le sacre eut lieu à Poitiers (11). Comme nous n'avons pas la preuve que Géraud succéda *aussitôt* à son oncle Audouin, comme le dit M. Richard (12), il est infiniment préférable d'admettre une vacance,

---

(1) Pfister, *loc. cit. Diplômes inédits de Robert*, n° 8, p. 51.
(2) *Loc. cit.*
(3) Pertz, *Monumenta Germaniæ Scriptores*, II, p. 251 et 252.
(4) *Loc. cit.*
(5) Liv. III, chap. L, édition Chavanon, p. 171.
(6) *Loc. cit.*
(7) Voir M. Richard lui-même, I, p. 179, note 2.
(8) *Loc. cit.*
(9) *Loc. cit.*
(10) *Chron. d'Adémar*, liv. III, chap. XXXXIV, édition Chavanon, p. 173.
(11) *Idem*, p. 172.
(12) Volume I, p. 178.

en elle-même toute naturelle et qui met tous les textes d'accord, sauf un.

Que vaut, en second lieu, la donnée toute personnelle à M. Richard, que le roi Robert fit en novembre 1014 un *long séjour* à Orléans ? C'est un fait qu'il déduit de la liste des séjours du roi, dressée par M. Pfister d'après le catalogue des diplômes royaux conférés. Or, dans ladite liste, à la page notée (1), on ne trouve, sous les n° 47 et 48, que deux diplômes donnés en 1014 à Orléans. Le premier porte la date du 11 novembre de la dix-neuvième année du règne de Robert, et M. Pfister dit qu'il faut certainement compter ici les années depuis 996, car Renaud, qui dans ce diplôme intervient comme comte de Melun, ne le devint qu'en 1007, à la mort de son père Bouchard ; ce qui n'est point péremptoire, les fils de comte prenant presque toujours, au XI° siècle, du vivant de leur père, le titre de comte dans les actes publics et solennels. Quant au second, il n'est pas daté, et ce n'est que par sa grande ressemblance avec le premier que M. Pfister le rapporte à l'année 1014. Quoi qu'il en soit, un ou deux diplômes donnés en même temps à Orléans, en novembre 1014, ne sont pas suffisants pour constituer la preuve d'un long séjour. On sait, du reste, que Robert affectionnait tout particulièrement la résidence d'Orléans et qu'il y était souvent. Par conséquent, le fait qu'il y est revenu à son retour de Saint-Jean d'Angély n'est pas plus en rapport avec un séjour court ou long en 1014, qu'avec ses autres séjours presque annuels ; et il n'y a aucune conséquence sérieuse à tirer de cette circonstance, en faveur de la date du pèlerinage royal auprès du chef de saint Jean-Baptiste.

Si la tentative de M. Richard, renouvelée de celle de M. Faye, après un demi-siècle de réflexions et de recherches, n'a pas abouti à un résultat plus satisfaisant, elle a du moins le mérite d'établir une seconde fois, qu'en octobre 1015, selon lui, ou qu'en octobre 1016 *au plus tôt*, selon nous, la relique était exposée à la dévotion du public. Mais cette visite de Géraud a pu avoir lieu plus tard, puisqu'il siégea huit ans. Point n'est besoin, cependant, de remonter jusqu'à sa mort, arrivée en 1023, pour fixer l'époque extrême du pèlerinage limousin. Il était, en effet, accompagné de Geoffroy II, abbé de Saint-Martial (2), lequel mou-

---

(1) Pfister, *loc. cit.*
(2) *Chron. d'Adémar, loc. cit.*

rut le jour des nones de décembre (5 décembre) 1019, date trop
bien indiquée pour être discutable (1).

Voilà donc qui est nettement établi. Ce pèlerinage eut lieu certainement de septembre 1016 à novembre 1019, au mois d'octobre de l'une de ces quatre années, suivant de plus ou moins près
ou de plus ou moins loin l'époque de la découverte. C'est tout ce
qu'on est en droit de tirer des documents précités. Le reste est
affaire de sentiment et de supposition.

Tout est-il dit sur la question, et n'est-il pas possible de mieux
préciser ?

Il est une source toute naturelle de documents que M. Richard
a négligée, je ne sais pourquoi, et qui, dans la circonstance, était
cependant tout indiquée. C'est le *Cartulaire de l'abbaye de Saint-
Jean d'Angély*, récemment publié par nos Archives historiques
de Saintonge et d'Aunis (2), et dont une copie manuscrite se
trouve depuis longtemps à la Bibliothèque nationale, à la disposi-
tion de tous (3). Ce sont les données de ce cartulaire qu'il est
préférable de combiner avec les faits rapportés par les chro
niques.

Pendant que se déroulaient à Saint-Jean d'Angély tous ces
importants événements, trois abbés successifs furent à la tête du
monastère : Audouin, Rainaud et Aimeri, dont M. Chavanon
d'abord, et M. Lair ensuite, ont noté la date incertaine (4). C'est
cette incertitude, assurément, qui a amené toute la confusion ou
qui l'a sensiblement aggravée. Essayons, sinon de la faire dispa-
raître, tout au moins de l'amoindrir.

Audouin est devenu abbé de Saint-Jean d'Angély, non pas dès
989, sous Hugues Capet, comme tendrait à le faire admettre un
diplôme de ce roi (5), argué de faux, d'abord par Dom Fonteneau (6), puis par M. Richard lui-même (7) ; mais bien après le
31 janvier 1003, date de la mort de l'abbé Aimeri Ier, son prédécesseur immédiat. Une inscription tumulaire, conservée au
musée d'Angoulême, ne laisse aucun doute à cet égard et apporte
un argument péremptoire en faveur de l'inauthenticité du di-

---

(1) *Annales de Limoges*, dans Pertz, *loc. cit.* — *Chron. de B. Itier*, *loc. cit.*
— *L'abbaye de Saint-Martial de Limoges*, par Ch. de Lasteyrie, p. 71.

(2) *Vol. XXX*, en 1901, et XXXIII, en 1903.

(3) *Fonds latin, n° 5151.*

(4) *Chron. d'Adémar*, édition Chavanon, p. 161, et édition Lair, p. 216.

(5) *Cartul. de Saint-Jean d'Ang.*, par Musset, I, charte V. p. 22.

(6) *Dom Fonteneau*, t. XIII, p. 95 et 111.

(7) *Volume I, p. 132, note 3.*

plôme, ou tout au moins de son attribution à Hugues Capet (1). Voici cette inscription : « ✝ l'an de l'incarnation du Seigneur mil II, la veille des kalendes de février, est mort Dom Aimeri, chanoine devenu moine et vénérable abbé des couvents de Nanteuil, d'Angéry et de Quinçay, Amen ». L'année commençant en Poitou et Aquitaine le 25 mars, c'est à la veille du premier février 1003, soit au 31 janvier, que se rapporte la date de cette inscription.

Aucune des chartes, soit de l'abbaye de Saint-Jean d'Angély, soit des autres abbayes, où comparaît l'abbé Audouin n'étant datée, nous ne pouvons le suivre à la trace dans le cours de son abbatiat, et nous ne le rattrapons qu'à sa mort.

La *Chronique* d'Adémar établit que, s'il fut l'inventeur du chef de saint Jean-Baptiste, à un moment où le duc Guillaume était allé à Rome faire ses Pâques, l'abbé Audouin mourut au cours de l'affaire, pendant qu'on l'instruisait, avant que sa découverte eût été confirmée de façon miraculeuse et que le duc eût décidé, pour la plus grande gloire de Dieu, d'introduire la réforme de Cluny dans son monastère ; car sa mort seule pouvait permettre à Odilon d'opérer cette réforme et d'y placer un abbé de son choix. C'est ce que le texte dit, du reste, en propres termes: « où Odilon mit un abbé nommé Rainaud, Audouin étant mort tout récemment (*ubi Odilo abbatem Rainaldum disposuit, defuncto nuper Alduino abbate*) (2). Il trépassa donc après un printemps, celui de la découverte, et avant un automne, celui de la démonstration.

L'abbé Rainaud, qui succéda à Audouin, paraît pour la première fois dans une charte du mois de mars 1017, portant don de salines, situées en Aunis, à l'église de Saint-Jean-Baptiste d'Angéry, où *Rainaud* est présentement abbé (*data mense martis anno trigesmo regnante Roberto rege*) (3). Le Cartulaire de Saint-Jean d'Angély ayant pour habitude absolue de décompter les années de Robert à partir de son couronnement, le 25 décembre 987, cette date de mars 1017 doit être tenue pour certaine.

D'autre part, un Obituaire de Saint-Martial de Limoges (4), publié par MM. A. Leroux, E. Molinier et A. Thomas, porte au

---

(1) *Catalogue du Musée archéologique d'Angoulême*, 1885, série I, n° 1, p. 11.
(2) *Chronique d'Adémar*, liv. III, chap. LVI ; édition Lair, p 215.
(3) *Cartul. de Saint-Jean d'Ang.*, par Musset, II, charte 372, p. 38.
(4) *Additions à l'Obituaire de Saint-Martial*, in *Bull. Soc. arch. et hist. du Limousin*, t. XXX, 1883, p. 183 et suiv.

XII des calendes de septembre (21 août), l'inhumation (*depositio*) d'un abbé Audouin (*Hilduini abbatis*), qui ne peut guère être un autre que cet abbé de Saint-Jean d'Angély ; car les abbés de ce nom sont fort rares, tout au moins dans les abbayes en rapport d'offices mortuaires avec Saint-Martial, et c'est le seul nom similaire que cet Obituaire renferme. Il paraît, du reste, particulier aux abbayes de la dépendance de Cluny, et contient notamment les dates exactes du décès de trois abbés de Saint-Jean d'Angély de la même période, dont on a retrouvé par ailleurs, soit les épitaphes, soit la mention directe : Aimeri Ier, mort le 31 janvier 1063 (1) ; Etudes, mort le 22 août 1091 (2) ; et Henri, mort le VIe des ides ou le 8 janvier 1131 (3). Il convient d'en ajouter un quatrième, du même siècle, l'abbé Anseulfe, dont le nom si spécial n'a pas d'homonyme, et qui est porté audit Obituaire comme décédé un 30 août [en 1102 ou 1103].

Nous concluerons donc de ces trois données diverses, aussi certaines que possible, que l'abbé Audouin est mort en été, un 19 ou 20 août, avant mars 1017, et au plus tard le 20 août 1016, au cours de l'affaire qu'il avait soulevée et qui faisait tant de bruit dans le monde.

Des successeurs clunisiens de l'abbé Audouin, le premier, Rainaud, ne fit que passer, semble-t-il. Au bout de quelques années (*post aliquot annos*), il rendit son âme à Dieu (4). Cela doit s'entendre d'un abbatiat assez court, de deux à trois ans, au sens le plus ordinaire. Il fut envoyé par Odilon, à qui le duc Guillaume confia le monastère, peu de temps après la mort d'Audouin (*defuncto nuper Alduino abbate*) (5), avec la mission d'y introduire la réforme de Cluny. Comme il était sûrement en fonctions au mois de mars 1017, et qu'Audouin avait été mis au tombeau un 21 août, son installation dut avoir lieu au plus tard dans les derniers mois de 1016.

Rainaud occupait déjà son poste lors de la venue à Saint-Jean d'Angély de Landolphe, évêque de Turin. Ce prélat se débattait au milieu de difficultés créées à son église, dédiée à Saint-Jean. Ayant appris qu'on venait de découvrir, au château d'Angéry, le chef du saint précurseur, il pensa que le meilleur moyen pour

---

(1) *Musée d'Angoulême, loc. cit.*
(2) *Annales Benedict.*, V, p. 283.
(3) *Gallia christiana*, II, col. 1101.
(4) *Chron. d'Adémar*, édition Lair, p. 215.
(5) *Idem.*

lui de se tirer d'embarras, était de se recommander aux miracles de son saint patron. Sur les conseils de ses propres fidèles, il partit pour Saint-Jean d'Angély, et, arrivé là, invoqua longuement le saint en faveur de son diocèse, tout en pleurant à chaudes larmes. Enfin, il demanda au comte Guillaume, à l'évêque Islon et à l'abbé Rainaud, qui présidaient alors audit lieu, une portion de la tête de saint Jean, ce qu'on lui accorda facilement, et ce qu'il récompensa par le don de l'église de Saint-Secondin, de Turin. L'acte fut dressé par le notaire Adam (1). Il est dommage qu'il ne soit pas daté, car il nous eût fixé tout de suite. Néanmoins, il nous fait connaître que l'abbé Rainaud avait déjà remplacé l'abbé Audouin, pendant la période même des visites qui eurent lieu ; et comme, d'autre part, la *Chronique* d'Adémar nous dit qu'on accourut de partout à Saint-Jean d'Angély, notamment de Lombardie ou d'Italie (2), il nous est impossible de ne pas voir là une allusion à la venue de l'évêque de Turin, de même que la mention de la Gaule fait allusion à la présence du roi Robert, du comte Eudes de Champagne et de leur suite, et celle de l'Espagne à celle de Sanche, roi de Navarre.

Ducange a prétendu que ce fut la mâchoire de saint Jean qui fut donnée à l'évêque de Turin. Quoi qu'il en soit, ce don se place bien au moment où la nouvelle de la découverte se répandit dans le monde et où les miracles la confirmèrent dans l'opinion publique (..... *caput Joannis præcursoris Domini repertum audiens, dignum esse pensavit, si..... quæreretur miracula, cujus nominis honnore sancta vigel ecclesia* [*sua*] (3) ; et non plus tard, en 1025, à l'occasion des pourparlers qui s'engagèrent au sujet de la couronne d'Italie, entre le duc Guillaume et les évêques d'outre-monts (4).

L'Obituaire de Saint-Martial précité ne peut nous être d'un même secours, au sujet des jour et mois de la mort de l'abbé Rainaud, à cause de la présence de trois abbés de ce nom sur ses rôles, et en admettant, ce qui est infiniment probable, qu'il y figure comme ses prédécesseurs et ses successeurs. Néanmoins, comme ces trois abbés Rainaud sont morts, l'un le V des ides ou le 9 d'avril, et les deux autres le VII et le II des calendes de juillet (le 25 et le 30 juin), c'est entre ces dates extrêmes, 9 avril et 30

---

(1) *Cartul. de Saint-Jean d'Ang.*, par Musset, II, charte 479, p. 111.

(2) *Loc. cit.*

(3) *Loc. cit.*

(4) Richard, volume I, p. 182.

juin, qu'il dût mourir, vers l'année 1018, comme il sera établi ci-après.

En ce qui concerne l'abbé Aimeri, le deuxième abbé clunisien préposé par Odilon, on ne le trouve pour la première fois à date certaine qu'au mois d'août 1027 (1). Mais, outre qu'il fut le successeur immédiat de Rainaud, nous savons encore qu'il était déjà à la tête de l'abbaye lorsque se produisit, au bourg d'Angéry (*in Angeriaco vico*), quelque temps après les fêtes prestigieuses de la commémoration de saint Jean-Baptiste (*quodam vero tempore, postquam hæc acta sunt*), une sédition sanglante entre les moines et les gens de la maison du duc. Plusieurs de ces derniers, et notamment son prévôt, furent blessés à mort et à main armée ; sa propre cour, qui était contiguë au couvent, fut presque complètement démolie. Ceci se passait pendant une absence de l'abbé Aimeri (*absente abbate reverentissimo Aimerico*), peu avant ou au début d'un carême pendant lequel le comte Foulques Nerra se trouvait à Poitiers, pour prendre part à un grand plaid qui y avait lieu (*comes Fulco, qui tunc in servitio ducis Pictavis erat, tempore Quadragesimæ*) (2). Il était assez rare qu'un personnage comme le comte d'Anjou se rendît à la cour de Poitiers ; ce n'était ni de son rang, ni de ses loisirs. Il était assez rare également que le duc passât son carême chez lui. Chaque année presque, il se rendait à ce moment-là à Rome (3). Ce plaid, en temps de carême et avec Foulques Nerra, est donc doublement exceptionnel (4). Or, il se trouve justement qu'une charte de Cluny constate la présence à Poitiers du comte Foulques Nerra, avec les autres grands du duc, au mois de mars de l'an de l'Incarnation du Seigneur 1018, ce qui correspond, d'après M. Bruel, à mars 1019 (n. s.) (5). — Il faut en conclure qu'Aimeri avait remplacé Rainaud défunt, dès le mois de février 1019, Pâques étant tombé cette année-là le 29 mars, et le Carême ayant commencé le 11 ou le 12 février. Comme, d'autre part, Rainaud, selon les probabilités ci-dessus établies, mourut entre un 9 avril et un 30 juin, c'est en juillet 1018 environ que remonterait sa nomination par Odilon à l'abbaye de Saint-Jean d'Angély.

---

(1) *Cartul. de Saint-Jean d'Ang.*, par Musset, I, charte 252, p. 307.

(2) *Chron. d'Adémar*, loc. cit.

(3) *Chron. d'Adémar*, liv. III, chap. XXXXI, édit. Chavanon, p. 163.

(4) Il doit correspondre à l'époque du mariage du duc Guillaume avec Agnès de Bourgogne.

(5) *Cartul. de Cluny*, par Bruel, t. III, charte 2716, p. 739.

Sa dernière désignation, de date certaine également, est du 1er mai 1032, ou plutôt 1033 (1). A la rigueur, on pourrait attribuer à cet abbé la mention : *S. abbatis Aimerici*, qui se trouve dans le Cartulaire de Saint-Maixent, au bas d'une charte dressée pendant la captivité du duc Guillaume le Gros, entre le 20 septembre 1033 et la fin de 1036, approximativement vers 1035, si l'on considère que cet abbé de Saint-Jean d'Angély fut un des plus fidèles soutiens de la cause du prisonnier. Mais M. Richard est d'avis qu'il y a eu là une faute de copiste, qu'il devait y avoir primitivement : *S. abbatis A.*, traduit par *S. abbatis Aimerici*, au lieu de *S. abbatis Amblardi*, Amblard étant abbé de Saint-Maixent à cette époque (2). — En tous cas, la première intervention connue du successeur d'Aimeri, l'abbé Arnaud, est du 6 mars 1037, à l'occasion d'une générosité de ce même duc, Guillaume le Gros, envers l'abbaye de Saint-Jean d'Angély, au moment où il venait depuis peu de sortir de prison, et sans doute en récompense des services rendus (3).

L'Obituaire de Saint-Martial déjà cité contient la mention de deux abbés du nom d'Aimeri : l'un, dont l'anniversaire est indiqué au II des calendes de février (31 janvier), est sûrement l'abbé Aimeri Ier de Saint-Jean d'Angély, décédé justement ce jour-là, d'après son épithaphe ; l'autre, dont l'anniversaire est porté au jour des ides (le 13) de septembre, a toutes chances d'être notre abbé Aimeri II, d'après les raisons que nous avons fait valoir plus haut. Les deux seuls abbés de Saint-Martial qui ont porté le même nom, l'un, Aimeri Ier, n'est indiqué dans aucun obituaire à cause de sa vie séculière (4), et l'autre, Aimeri II, l'est au 13 janvier (5).

Aimeri mourut donc entre le 20 septembre 1033 et le 14 septembre 1036, vers 1034 ou 1035, à un ou deux ans près.

En résumé, les dates de ces trois abbés de Saint-Jean d'Angély peuvent donc être établies ainsi qu'il suit :

Aimeri I : . . . . † 31 janv. 1003 :
Audouin : fév. 1003, à . . . † (20 août 1016, au *plus tard*) ;

---

(1) *Cartul. de Saint-Jean d'Ang.*, par Musset, I, charte 12, p. 32. Privilège du pape Jean XIX.

(2) *Cartul. de Saint-Maixent*, par A. Richard, chartes 92 et 93, I, p. 112 et 413.

(3) *Cartul. de Saint-Jean d'Ang.*, par Musset, I, charte 181, p. 215.

(4) *L'abbaye de Saint-Martial de Limoges*, par Ch. de Lasteyrie, p. 61.

(5) *L'abbaye de Saint-Martial de Limoges*, par Ch. de Lasteyrie. Appendice, p. 410.

Rainaud II : nov. 1016, à .   ✝ (9 av. au 30 juin 1018) ;
Aimeri II : j⁵ 1018, à . . . . ✝ (12 sept. 1033 au 11 sept. 1036).
Arnaud : fév. 1037, au plus tard, à....

Voilà tout ce qu'on peut trouver et dire d'authentique, en attendant mieux.

Quelque imparfaite qu'elle soit, cette chronologie des abbés de l'époque, rapprochées des données fournies par les Chroniques, nous permettra néanmoins de fixer d'une façon certaine les points principaux de notre problème historique. En effet, si celles-ci diffèrent quant aux détails, suivant l'objet principal qu'elles poursuivent, elles s'accordent toutes sur un fait qui paraît avoir vivement frappé l'esprit des contemporains, et qui reste longtemps dans tous les souvenirs : ce furent les fêtes solennelles qui eurent lieu à cette occasion et à un moment donné à Saint-Jean d'Angély.

« A cette époque, Dieu daigna glorifier le règne du duc Guillaume le Grand. De son temps, en effet, fut inventée, à la basilique d'Angéry, dans une boîte de pierre taillée en forme de pyramide, par le clarissime abbé Audouin, une tête de saint Jean, qu'on disait être le propre chef de saint Jean-Baptiste..... Sur ces entrefaites, le duc Guillaume revint de Rome après les fêtes de Pâques. Cette nouvelle le remplit de joie, et il décida l'ostension au public du chef sacré.

« Lors donc de cette ostension, on y accourut à l'envi de partout, non seulement de toute l'Aquitaine, mais encore du reste de la Gaule, d'Italie, d'Espagne et de divers autres pays. La foule s'y déversait en flots humains. On y vit le roi Robert lui-même, la reine, le roi de Navarre, le duc Sanche de Gascogne, Eudes de Champagne, avec toutes leurs suites ; des comtes et des princes, des évêques et des abbés, des dignitaires de toutes sortes..... Félicité et gloire suprême, on vit là toutes les congrégations et tous les serviteurs de Dieu de l'Aquitaine, des théories de chanoines et de moines, empressés d'apporter en grande pompe et aux chants des hymnes sacrées, pour rendre hommage au saint précurseur, les corps et les reliques des saints. On distinguait parmi le corps du plus grand prince et du père de l'Aquitaine, le premier semeur de la Parole en Gaules, à savoir l'apôtre saint Martial, apporté avec les reliques de saint Etienne de Limoges par tout un cortège de Limousins composé de moines, de clercs et de notables, l'évêque Géraud et l'abbé Geoffroy en tête. Le corps de saint Martial ne fut pas plus tôt sorti de sa basilique, porté sur un chariot garni d'or et de pierreries, que dans toute la région, accablée de pluies continuelles et d'inondations, le temps se remit au beau. On prit droit par Charroux pour se rendre à la fête commémorative de saint Jean-Baptiste.....

A l'arrivée, l'évêque Geoffroy célébra dans la basilique la messe de la Nativité de saint Jean-Baptiste, bien qu'on fût au mois d'octobre ; et, la messe dite, le pontife bénit les assistants avec le chef de saint Jean. Puis, enchantés de leur voyage et des miracles que saint Martial fit éclater en route, les Limousins rentrèrent à Limoges, en dansant de joie, le cinquième jour avant la Toussaint [27 octobre].

« Dans cette même circonstance, saint Léonard, confesseur en Limousin, et saint Antonin martyr du Quercy, engendrèrent eux aussi de brillants miracles ; et les populations d'y accourir de tous côtés. Aussi, le glorieux duc Guillaume, tout à la pensée d'en glorifier Dieu, fit-il venir Odilon, le saint abbé de Cluny, pour établir sa réforme et sa règle dans le monastère de Saint-Jean, l'abbé Audouin étant mort tout récemment. Odilon y plaça un abbé nommé Rainaud ; puis, celui-ci ayant rendu son âme à Dieu au bout de quelques années, il y préposa un père nommé Aimeri.

« Ajoutons que, lorsque les reliques de saint Cybard se rendirent, elles aussi, auprès du saint Précurseur, on emporta en même temps le bâton du confesseur. C'était un bâton pastoral recourbé à la tête. Pendant le voyage, une verge de feu [ou comète], pareillement courbée en crosse à son sommet, resplendit la nuit au firmament, au-dessus des reliques du saint, et les accompagna jusqu'à leur arrivée auprès du chef de saint Jean. Saint Cybard y opéra des miracles en guérissant des infirmes, et le retour fut plein d'allégresse. Les chanoines de Saint-Pierre d'Angoulême, revêtus de leurs habits sacrés, accompagnaient les reliques et suivaient les conducteurs. En traversant une rivière gonflée, ils ne sentirent point l'eau et passèrent comme à sec, sans qu'une goutte d'eau mouillât, ni leurs vêtements, ni leurs chaussures.

« Entre temps, le chef de saint Jean, après être resté suffisamment exposé en public, fut retiré, sur l'ordre du duc Guillaume, et remis dans sa pyramide première, renfermé dans une casse d'argent et attaché par des chaînettes de même métal. » — Ainsi parlent les textes de la *Chronique* du moine Adémar de Chabannes (1).

---

(1) *Loc. cit.*

« Il est de fait qu'à une certaine époque, du vivant de Guillaume le Grand, duc d'Aquitaine, comme la plupart se demandaient avec doute quelle tête de saint Jean se trouvait à Angély (*utrum sancti Joannis caput haberetur apud Angeliacum*), ce même prince ordonna un grand synode, où furent convoqués tous les évêques comprovinciaux, même des étrangers, afin que, d'accord avec eux, on s'enquit d'un trésor aussi précieux que pouvait être le digne chef de saint Jean-Baptiste, et que, de leurs mains consacrées, les saints évêques le montrassent eux-mêmes au public en doute. C'est ce qui eut lieu. L'invention fut, en effet, mise à l'épreuve, placée sur les saints autels et offerte à l'adoration du public universel, selon les dispositions prises. Dans ce but, on transporta et on mit en présence du vénérable et mystérieux chef les reliques de beaucoup de saints. Il en résulta véritablement, sur place même, chez les débiles de corps et les infirmes, de nombreux miracles, dus à leurs intercessions méritoires. Parmi eux, saint Léonard, toujours bon médecin des infirmités, n'y fut pas peu resplendissant de vertus. Il guérit notamment un aveugle, un possédé de sept méchants démons, et un écloppé. » — Ainsi parle l'auteur anonyme de la *Vie de saint Léonard*, citée dans Besly, lequel paraît avoir été un contemporain, puisqu'il a recueilli, entre beaucoup d'autres, ces trois guérisons du témoignage de la foule (1). Une autre narration contient en plus ce détail, au sujet de l'aveugle : « Sa mère, après avoir en pure perte, intercédé auprès des autres saints déjà arrivés à Saint-Jean d'Angély, s'en retournait navrée, lorsqu'elle rencontra en route les reliques de saint Léonard qui arrivaient à leur tour. Elle invoque le saint au passage, et son fils recouvre aussitôt la vue » (2).

« Lorsque l'abbé d'Angéry décida de lever la tête du saint Précurseur de Dieu, qu'on racontait avoir été jadis cachée dans son église, et de l'exposer aux yeux du public, afin qu'elle fît elle-même foi qu'elle était bien le véritable chef de saint Jean, il voulut inviter à cette grande cérémonie (*ad tale spectaculum*), entre autres l'abbé Théodelin [de Maillezais]. Au jour dit et indiqué, un peuple innombrable afflua à Angéry, ainsi que des troupes incalculables de prêtres et de moines. Quant on en vint à l'objet de la réunion, et qu'on cherchait parmi les principaux personnages présents le plus apte à remplir la mission de confiance de

---

(1) *Loc. cit.*
(2) *Vitæ Sanctorum*, par Surius, 6 nov., p. 168.

présenter un si précieux trésor, Théodelin se leva au milieu d'eux : « Si vous le voulez, dit-il, ô mes Pères, je me charge avec joie de vous présenter le bien-aimé du Seigneur et de l'offrir à votre vue et à votre admiration aussi longtemps qu'il conviendra à sa magnificence et à votre vénération. » Tous approuvèrent. Alors s'approchant à genoux, après une solennelle prière, du trésor sacré, il le découvrit et pendant près de deux heures le tint exposé à la vue de toute la multitude. Cela fait, quand d'un consentement unanime le chef fut recouvert, Théodelin simula une longue prière et cacha dans sa bouche une des dents du saint. Mais il en fut immédiatement et justement puni, car il perdit subitement la vue. Il avoua sans détour à ceux qui l'entouraient ce qu'il venait de faire. Puis, après cette sincère confession, il recouvra la santé si malheureusement perdue. » — Ainsi parle, à son tour, le moine Pierre de Maillezais (1).

Il ressort bien de tous ces textes qu'il s'est agi de grandes fêtes spéciales, fixées d'avance à une époque déterminée par le duc Guillaume et l'abbé de Saint-Jean d'Angély, dans le but d'éprouver l'invention et de dissiper tous les doutes élevés à son sujet, en faisant comparaître auprès d'elle tout ce que l'Aquitaine renfermait en fait de reliques notoires. Les nombreux miracles dont ce vaste pélerinage fut l'occasion (surtout ceux qu'opérèrent sur place, à Saint-Jean d'Angély même, saint Léonard et saint Antonin), entraînèrent la conviction de tous, comme l'espéraient les promoteurs. Du reste, admettre des pélerinages successifs et à jets continus pendant de longs mois ou des années, serait contraire à l'intérêt en cause et aux habitudes séculaires de l'église, ainsi qu'aux narrations qui nous en sont restées. Il n'est donc pas douteux que ces fêtes coïncidèrent avec la venue des reliques qui primaient toutes les autres, le corps de saint Martial, déjà regardé comme l'apôtre du pays. Or, nous savons que le pélerinage limousin eut lieu dans le courant d'octobre, après des pluies diluviennes et prolongées qui avaient désolé l'Ouest de la France et au cours d'une sorte d'été de la Toussaint, et que le 27 du mois il rentra à Limoges. Nous savons, en outre, que l'évêque Géraud, qui le conduisait, ne pût le faire qu'en 1016 au plus tôt et en 1019 au plus tard. Nous savons, d'autre part, que l'abbé Audouin, qui fit la découverte du chef, mourut au plus tard le 20 août 1016, et que l'abbé Rainaud, qui lui succéda presque aussitôt, était sûrement en fonctions en mars 1017, après avoir pré

---

(1) *Loc. cit.*

sidé à la réception des visiteurs, tout au moins de l'évêque Landolphe de Turin. Tout concourt donc à placer la grande affluence et les solennités officielles au mois d'octobre 1016.

On ne peut les avancer, à cause de la participation de l'évêque Géraud ; on ne peut les reculer non plus sans s'éloigner de la fin de l'abbatiat d'Audouin et du début de celui de Rainaud, qui participèrent l'un et l'autre à cette grande affaire, sans rompre son unité, ni sans contredire le texte d'Adémar, qui rapporte que le duc Guillaume, convaincu par les manifestations divines et les miracles opérés, confia, à la suite de la mort récente d'Audouin, le monastère à Odilon, pour glorifier le Seigneur ; on ne le peut surtout à cause de l'abbé Rainaud, nommé par Odilon pour l'introduction de la réforme et après les fêtes probatoires, à la fin de 1016, et qui était sûrement en fonctions en mars 1017. On ne saurait, en tout cas, dépasser le mois d'octobre 1019, à cause de la présence de l'abbé Geoffroy, ni même, si nos déductions sont justes, le mois d'octobre 1017, à cause de l'abbé Aimeri, nommé dès juillet 1018 à la place de Rainaud. — La date d'octobre 1016 est donc la seule admissible. — Comme d'un autre côté, le chef fut trouvé pendant que le duc Guillaume était à Rome, à faire ses Pâques, selon son habitude, il est logique d'admettre que ce fut pendant le carême de 1016, qui commença le 14 ou le 15 février, Pâques tombant cette année-là le 1er avril.

Dans son ensemble, l'affaire du chef de saint Jean-Baptiste, à partir de sa découverte jusqu'à sa remise dans sa boîte de pierre, paraît avoir duré près d'un an. Ce n'est ni trop ni trop peu, si l'on songe aux discussions soulevées au sujet de son authenticité et au genre d'épreuves auxquelles on eût recours ; et si l'on se reporte à une époque où les reliques sortaient de terre comme par enchantement, au dire même du moine Raoul Glaber, qui fut un contemporain (1), et alors que le pauvre monde n'avait que l'embarras du choix pour réclamer contre ses misères.

Reste la vieille chronique manuscrite rapportée par Besly. Elle n'a pas été nettement indiquée, ce qui n'a pas permis de la rechercher ni de la retrouver. Mais, à son allure et à la forme de sa rédaction, on ne peut douter qu'elle ne provienne d'une chronique d'abbaye ou d'église épiscopale d'Aquitaine. Elle est fort précise et nous la rappelons : « En l'an du Seigneur 1010, sous le règne du duc Guillaume d'Aquitaine, le chef de saint Jean-Baptiste fut retrouvé dans la basilique d'Angéri par l'abbé Audouin,

---

(1) *Chronique de Raoul Glaber*, liv. III, chap. VI.

au mois d'octobre. » — Néanmoins, il se peut qu'il y ait eu confusion de deux faits : l'invention faite par l'abbé Audouin, et les fêtes probatoires qui suivirent, solennisées en octobre. Quant à la date de 1010, elle résulte peut-être d'une mauvaise lecture du texte de Pierre de Maillezais précité. Celui-ci ayant à parler de l'abbé Théodelin, débute, en effet, de la manière suivante : « Nous arrivons à l'an mille dix de l'incarnation du Sauveur. Gislebert gérait l'évêché de Poitiers, Robert gouvernait la France, et Théodelin s'évertuait avec le plus grand succès à s'enrichir. Toutes sortes de biens affluaient en abondance à Maillezais, mais il lui manquait des reliques pour son honneur et sa protection. Ce qu'il lui fut donné d'avoir..... Avant de raconter comment, que le lecteur apprenne un trait de lui à ce sujet. De son temps (*illis diebus*), l'abbé d'Angéri, etc. » (1). On pourrait croire, à la vérité, que l'incident de Théodelin, relatif à la dent soustraite, se rapporte à l'an 1010, tandis qu'il ne s'agit en réalité que d'une date de son abbatiat, le début sans doute, indiquée comme entrée en matière, le reste se rapportant au temps de sa gestion.

Ces dates, de février-mars 1016 pour la découverte elle-même du chef de saint Jean-Baptiste et d'octobre suivant pour son ostension solennelle, conviennent, du reste, à la vie connue par ailleurs des principaux personnages qui intervinrent.

Le roi Robert acheva en 1015 la conquête de la Bourgogne. Au printemps, il s'empara de Sens, et à l'automne il fit le siège de Dijon. Il se retira sans prendre la place, avant l'hiver. Mais Brunon, évêque et comte de Langres, dont Dijon dépendait, étant venu à mourir en janvier 1016, Robert fit élire à sa place l'évêque Lambert, lequel s'empressa de céder au roi la ville et le territoire de Dijon. A Pâques 1016, Robert se rendit à Rome, et c'est probablement à sa prière que le pape Benoît VIII fulmina alors l'anathème contre les déprédateurs des biens de Cluny, ce qui suppose aussi la présence d'Odilon. Il s'y rencontra avec le duc Guillaume d'Aquitaine. Le reste de l'année 1016, il vécut en paix, à ce qu'il semble. Le 3 novembre de cette année-là eut lieu l'inauguration solennelle de l'église de Dijon, où il n'assista pas. En 1017, il fit associer son fils aîné Hugues à la couronne ; le sacre eut lieu à Compiègne, le jour de la Pentecôte, 7 juin, en présence de tous les grands du royaume, notamment du duc Guil-

____

(1) *Loc. cit.*

laume d'Aquitaine (1). Si Hugues, fils de Robert, eût été déjà roi quand se produisirent les fêtes de Saint-Jean d'Angély, il est plus que probable que son nom aurait figuré, à côté de ceux de son père et de sa mère, dans la liste des grands personnages présents.

Eudes de Champagne était le cousin-germain et l'ami du duc Guillaume. Au commencement de 1015, il entra en guerre avec le roi Robert, lors de la conquête de Sens. Mais la paix avec arrangement fut conclue entre eux dans le courant de l'année. Libre de ce côté, Eudes se tourna, l'année suivante, contre Foulques Nerra, comte d'Anjou, son ennemi héréditaire. Le 6 juillet 1016 eut lieu la terrible bataille de Pontlevoy, près d'Amboise, où il fut vaincu. Il se tint dès lors tranquille pendant quelques années.

Les premières relations documentaires entre Odilon et le duc d'Aquitaine correspondent justement à une époque voisine des fêtes de Saint-Jean d'Angély. Le 2 mai 1017, à Pavie, au moment où il revenait de Rome avec ses deux fils — Pâques étant tombé cette année-là le 21 avril — le duc Guillaume donna au monastère de Cluny la moitié du cens de poissons que lui rendaient les pêcheries de l'île de Ré et de la mer des alentours (2). — Ce don, le premier en date, fut suivi un ou deux ans après d'un autre. Le monastère de Cluny reçut la coar et l'église de Saint-Paul, dans la viguerie de Mervent (Vendée), au mois de mars 1019 (3). Plus tard, vers 1023, Cluny reçut encore l'église de Mougon (près Niort) et ses dépendances (4), et à une date indéterminée, mais qui gravite autour de 1020, la monnaie de Niort (5).

A quel moment vinrent à Saint-Jean d'Angély le roi Robert, la reine Constance et toute la cour de France, ainsi que les autres grands personnages notés par la *Chronique* d'Adémar ? Après le mois d'octobre et les fêtes religieuses, semble-t-il ; et lorsque les miracles opérés eurent levé tous les doutes au sujet de l'authenticité du chef, c'est-à-dire en novembre, le mois qui suivit. C'est aussi sur la foi des miracles, par conséquent en novembre, que Landolphe, évêque de Turin, se mit en route.

---

(1) *Études sur le règne du roi Robert*, par Pfister, p. 71.
(2) *Cartul. de Cluny*, par Bruel, t. III, charte 2709, p. 732.
(3) Voir ci-dessus.
(4) Richard, I, p. 216.
(5) *Idem.*

En terminant ces notes critiques sur le grand et remarquable ouvrage de M. A. Richard, nous rendons à nouveau hommage à sa profonde érudition et à sa parfaite connaissance, jusque dans les moindres détails, des affaires du Poitou. Il ne faudrait pas que les lecteurs de la *Revue* gardent de l'opposition de quelques-unes de nos données avec les siennes une impression moins favorable pour l'ensemble de son œuvre. S'il n'y a pas fait à la Saintonge, pas plus qu'aux autres pays d'Aquitaine du reste, comme nous l'avons remarqué, une part égale à celle du Poitou, c'est que ses comtes étaient avant tout des comtes locaux, et accessoirement, *ad gloriam et honorem*, des ducs et des suzerains pour les autres régions ; c'est que la forme donnée à sa rédaction, qui consiste surtout à indiquer et à analyser sommairement les documents, ne lui a pas permis, sauf pour Guillaume le Grand, de brosser en grand, à la manière de Besly, et en renvoyant ses preuves à la fin, des tableaux un peu plus vivants, ni de nous gratifier d'un plus grand nombre d'appendices bien enlevés, comme les trois qui sont relatifs à la comtesse Adèle, à la comtesse Audéarde, et au testament de Guillaume VIII ; c'est que, en lui reprochant quelques imperfections, nous avons l'avantage de choisir les points d'histoire que nous connaissons le mieux, sans être tenu comme lui d'être aussi complet que possible.

M. Richard vient de fixer pour longtemps l'histoire générale des comtes de Poitou et ducs d'Aquitaine. Dans un siècle ou deux, quand on aura dépouillé tous nos dépôts d'archives et surtout celui de la Tour de Londres, où dorment tant de documents ou leurs copies relatifs à l'Aquitaine, derniers vestiges de l'héritage d'Aliénor, on y reviendra sans doute et on perfectionnera encore l'œuvre accomplie, comme vient de le faire M. Richard ; mais on n'en changera ni le plan primitif dans ses grandes lignes, ni les fondements tracés et jetés par Besly, redressés et consolidés par Dom Fonteneau, ornés et sculptés par M. Richard. Ces trois grands architectes ont travaillé à des siècles de distance au même édifice, comme cela arrivait au moyen âge pour nos belles cathédrales, au même palais, si l'on veut. C'est sur la dernière restauration qu'un curieux de la Société des Archives historiques de la Saintonge et de l'Aunis a jeté un coup d'œil en passant, et engage les amateurs comme lui à en faire autant.

JEAN LE SAINTONGEAIS.

TABLE DES NOMS

Fricou ou Froult, *Freculphus*, évêque de Saintes, 32.

Frotier, archevêque de Bordeaux et de Bourges, 32.

Frouzille (terre de), 7.

Gauzlin, archevêque de Bourges, 53.

Gélia, vicomtesse d'Aunay, 6, 7.

Gélie, donatrice de Cherbonnières, 10.

Geoffroy, abbé de Saint-Martial de Limoges, 51, 61, 65.

Geoffroy le Barbu, comte d'Anjou, 41, 42.

Geoffroy Martel, comte d'Anjou, 36, 38, 39, 40, 41, 42, 43.

Géraud, évêque de Limoges, 51 à 62, 64.

Gombaud, archevêque de Bordeaux, 32, 33.

Grimoard, évêque d'Angoulême, 26, 31.

Guillaume d'Angoulême, vicomte de Melle, 10.

Guillaume, comte de Périgord et d'Agen, 33.

Hélie de Chalais, 31.

Hélie de Jarnac, 31.

Henri, abbé de Saint-Jean d'Angély, 57.

Herbauge, *pagus Herbadillicus* (Vendée), 21, 25.

Herbert Éveille-Chien, comte du Maine, 12 à 17.

Hermengarde, comtesse d'Anjou, 15.

Hildegaire, vicomte de Limoges, 28.

Hildegarde, mère du commarque de Saintes, 16.

Ile d'Elle, canton de Chaillé-les-Marais (Vendée), 21.

Irminon, abbé de Saint-Germain des Prés, 27, 28.

Islon, évêque de Saintes, 31.

Jarnac, châtellenie (Charente), 27.

Jarnac-Champagne, canton d'Archiac (Charente-Inf.), 23.

Jean Véral, *Gennerac*, commune de Coux, canton de Montendre (Charente-Inférieure), 30.

Jonzac, viguerie et châtellenie, 27.

Landolphe, évêque de Turin, 57, 65, 67.

Landri, comte de Saintonge, 25.

La Roche-Andri, château, commune de Mouthiers, canton de Blanzac (Charente), 25.

La Roche ou La Roche-Andri (Guillaume de), 28.

La Touche d'Allery, commune de Vallans, canton de Frontenay-Rohan-Rohan (Deux-Sèvres), 9.

Liquriacum, Le Curé, rivière de l'Aunis (Charente-Inférieure), 20.

Limoges (concile de), 16.

Maillé, port ou pas, canton de Maillezais (Vendée), 20, 48.

Maillezais (Pierre de), chroniqueur, 51, 64, 66.

Maingaud, vicomte, 6, 7.

Marans, fief (Charente-Inf.), 39.

Marcillac, châtellenie, canton de Rouillac (Charente), 49, 50.

Marencennes (île de), canton de Surgères (Charente-Inf.), 11.

Marennes (presqu'île de), 32, 38, 42.

Marestagium Le Marais, 9.

Mareslay, commune de Matha (Charente-Inférieure), 9.

Martigny, *vicaria Marniacensis*, commune d'Aiffres, canton de Prahecq (Deux-Sèvres), 23.

Maqueau, frère de Francon du Capitole de Saintes, 41.

Mascelin, châtelain de Tonnay-Charente (Charente-Inf.), 39.

Matelon, ancienne paroisse, commune de Baignes (Charente), 30.

Matha, châtellenie (Charente-Inférieure), 26, 31.

Matha (Guillaume de), 40, 45.

Mauzé (Deux-Sèvres), 20.

Melle, châtellenie, viguerie, vicomté, 6, 9, 10, 12.

Merpins, château, canton de Cognac, 27.

Migron, viguerie, canton de Burie (Charente-Inférieure), 26.

Mirambeau, château (Charente-Inférieure), 29, 30.

Monnaie de Saintes, 31, 39.

TABLE DES MATIÈRES

—

—

La Rochelle, Imprimerie Nouvelle Noël Texier.